JUN - 3 2015
3 1994 01516 1539
SANTA ANA
SANTA ANA
PUBLIC LIBRARY
NEW HOPE
D
D0049596

ESL
SP 428.2461 ING
Ingles en 5 minutos

$9.99
CENTRAL 31994015161539

INGLÉS en 5 MINUTOS

¡APRENDE INGLÉS A TU RITMO!

¡CADA LECCIÓN SÓLO TOMA 5 MINUTOS!

Inglés en 5 Minutos

© Dreamstime.com de todas las fotografías de interior y cubierta.

Inglés en 5 Minutos
Primera edición: febrero de 2015
D. R. © 2015, TRIALTEA USA

D. R. © 2015, derechos de la presente edición en lengua castellana:
Penguin Random House Grupo Editorial USA, LLC.,
una empresa de Penguin Random House Grupo Editorial, S. A. de C.V.
8950 SW 74th Court, Suite 2010
Miami, FL 33156

Comentarios sobre la edición y el contenido de este libro a:
megustaleer@penguinrandomhouse.com

Queda rigurosamente prohibida, sin autorización escrita de los titulares del *copyright*, bajo las sanciones establecidas por las leyes, la reproducción total o parcial de esta obra por cualquier medio o procedimiento, comprendidos la reprografía, el tratamiento informático así como la distribución de ejemplares de la misma mediante alquiler o préstamo públicos.

ISBN: 978-1-94199909-7

La editorial no se responsabiliza por los sitios Web (o su contenido) que no son propiedad de la misma.

Impreso en Estados Unidos

ÍNDICE DE 100 TEMAS

Para practicar tu inglés, recibir nuevas clases y conocer información práctica sobre la vida en Estados Unidos, visita nuestra página web: *www.InglesEn5Minutos.com*

LECCIÓN 1

¡HOLA! ¿CÓMO ESTÁS?

DIALOGUE:

James:	Hi, Bob! How are you?	*James:*	*¡Hola, Bob! ¿Cómo estás?*
Bob:	I'm fine, thank you. And you?	*Bob:*	*Estoy bien, gracias. ¿Y tú?*
James:	I'm okay, thanks. Who is this?	*James:*	*Estoy bien, gracias. ¿Quién es este niño?*
Bob:	He is my son David.	*Bob:*	*Es mi hijo David.*
James:	Hello, David! How are you doing?	*James:*	*¡Hola, David! ¿Qué tal?*

SALUDOS (I) (Greetings)

- La forma más usual de saludarse en inglés es diciendo **"Hello!"** *("¡Hola!")*, aunque de manera coloquial también se usa **"Hi!"**
- Y si queremos saber cómo se encuentra la persona con quien hablamos, le preguntaremos:

How are you?
¿Cómo estás? / ¿Cómo está usted?

- Esta pregunta puede responderse de diversas maneras:

I'm fine, thank you.	*Estoy bien, gracias.*
I'm okay, thanks.	*Estoy bien, gracias.*
I'm very well, thank you.	*Estoy muy bien, gracias.*
I'm great, thanks.	*Estoy fenomenal, gracias.*
(I'm) so, so.	*Estoy así, así (más o menos).*

- Además, es muy común devolver la pregunta diciendo **"And you?"** *(¿Y tú? / ¿Y usted?)*. Así:

- **How are you?**	- *¿Cómo estás?*
- **Fine, thank you. And you?**	- *Bien, gracias. ¿Y tú?*
- **I'm very well. Thank you very much.**	- *Estoy muy bien. Muchas gracias.*

- Seguro que ya has notado que en inglés, al escribir una pregunta o una exclamación, solo se usa el signo al final de la expresión y no al principio, como vemos en "Hello**!** How are you**?**"

EXERCISE: 1.- ¿Cuál de las siguientes expresiones no se utiliza como fórmula de saludo?
a) Hi!   b) How!   c) Hello!

Soluciones: 1.- b.

LECCIÓN 2

¿ES TU NUEVO CELULAR?

DIALOGUE:

Brenda: Good morning, Richard!

Richard: Good morning! How are you doing, Brenda?

Brenda: Fine, thank you. Look at this. Do you like it?

Richard: Wow! Is it your new cell phone?

Brenda: Yes, it is. I bought it yesterday.

....

Brenda: ¡Buenos días, Richard!

Richard: ¡Buenos días! ¿Qué tal, Brenda?

Brenda: Muy bien. Mira esto. ¿Te gusta?

Richard: ¡Guau! ¿Es tu nuevo celular?

Brenda: Sí. Lo compré ayer.

SALUDOS (II) (Greetings)

- Otras expresiones que podemos usar para saludar son aquellas relacionadas con la parte del día en que las utilicemos. Así:

Good morning!	*¡Buenos días!*
Good afternoon!	*¡Buenas tardes!*
Good evening!*	*¡Buenas noches!*

(*) Esta expresión se usa a partir de las 6 o 7 de la tarde.

- Hemos de tener en cuenta que aunque la palabra "**night**" significa "*noche*", la expresión "**Good night!**" *(¡Buenas noches!)* no se usa para saludar a alguien, sino para despedirse de alguien por la noche.

- Además de las expresiones ya vistas, otras formas de preguntar cómo le van las cosas a quien saludamos son:

What's up?
How are things?
How are you doing?
How are you getting on?
→ *¿Qué tal? / ¿Cómo te va?*

PREGUNTAS CON EL PRESENTE DEL VERBO "TO BE"

- **RECUERDA**: Para realizar preguntas con el verbo "**to be**", este se coloca delante del sujeto:

Is it your new cell phone? *¿Es tu nuevo celular?*

Otros ejemplos son:

Are you a student? *¿Eres estudiante?*

How **are you** doing? *¿Qué tal?*

Are they at home? *¿Están ellos en casa?*

EXERCISE: 1.- Completa con la forma afirmativa correspondiente del verbo "to be".
a) .... I American?
b) .... Peter an architect?
c) .... they friends?

Soluciones: 1.- a) Am; b) Is; c) Are.

NIVEL BÁSICO

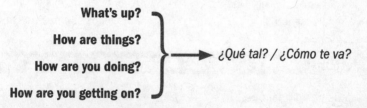

LECCIÓN 3

ES UN PERRO

DIALOGUE:

(Jason and Claire are looking at a picture).

Jason: Claire, what is that?

Claire: It is a dog.

Jason: A dog? Are you sure?

Claire: Of course I am. It is my neighbors' dog. Look, they are my neighbors.

(Jason y Claire están mirando una foto).

Jason: Claire, ¿qué es eso?

Claire: Es un perro.

Jason: ¿Un perro? ¿Estás segura?

Claire: Por supuesto que lo estoy. Es el perro de mis vecinos. Mira, ellos son mis vecinos.

PARTICULARIDADES DE LOS SUJETOS

No podemos olvidar que:

- "**I**" *(yo)* siempre se escribe con letra mayúscula.

  She lives in London and **I** live in New York.
  Ella vive en Londres y yo vivo en Nueva York.

  "**You**" se usa tanto en singular como en plural, y equivale a *tú, usted* y *ustedes.*

  You are American. *Tú eres estadounidense / Usted es estadounidense / Ustedes son estadounidenses.*

- "**It**" se utiliza para referirnos a un animal, una cosa, un lugar, etc., es decir, cuando no nos refiramos a una persona, y no tiene equivalente en español.

  It is a big city. *Es una ciudad grande.*

- "**They**" *(ellos/as)* es la forma plural de "he", "she" e "it", por lo que se usa al referirnos a varias personas, pero también a varias cosas.

  They are John and Mary. *Ellos son John y Mary.*
  They are big cities. *Son ciudades grandes.*

- Hemos de tener en cuenta que, aunque en español no usemos explícitamente estos pronombres, en inglés sí han de aparecer en las frases.

I am a gardener. *Soy jardinero / Yo soy jardinero.*

We live in Mexico. *Vivimos en México / Nosotros vivimos en México.*

It is a dog. *Es un perro.*

EXERCISE: ¿Cuál de las siguientes opciones completa correctamente la siguiente oración? "................... are good books."
a) It b) We c) They

Soluciones: 1.-c.

LECCIÓN 4
¡QUE TENGAS UN BUEN DÍA!

DIALOGUE:

Linda: Well, Sarah, it was nice to see you here, but I have to go now.

Sarah: Okay, Linda, have a nice day!

Linda: Thank you. You too.

Sarah: You're welcome. Goodbye!

Linda: Goodbye!

....

Linda: Bueno, Sarah, fue un gusto verte aquí, pero tengo que irme ahora.

Sarah: Muy bien, Linda, ¡que tengas un buen día!

Linda: Gracias. Tú también.

Sarah: De nada. ¡Adiós!

Linda: ¡Adiós!

AGRADECIMIENTOS (I) (Thanking)

- Para dar las gracias a alguien por algo, en inglés decimos:

Thanks	*Gracias*
Thank you	*Gracias*
Thanks a lot	*Muchas gracias*
Thank you very much	*Muchas gracias*
Thank you very much, indeed!	*¡Muchísimas gracias!*

- Y para responder al agradecimiento:

You're welcome!*	*¡De nada!*
Not / Nothing at all!	*¡De nada!*
Don't mention it!	*¡No hay de qué!*

(*) Ésta es la expresión más usada de manera coloquial.

DESPEDIDAS (Farewells) (I)

- Cuando nos queremos despedir de alguien podemos usar distintas expresiones. La más usual es **"Goodbye"** *(Adiós)*, que, de forma coloquial, puede quedar en **"Bye"**.

- Pero también podemos usar "**See you!**" *(¡Hasta la próxima!)* y otras expresiones que derivan de ella, como:

See you later!	*¡Hasta luego!*
See you soon!	*¡Hasta pronto!*
See you tomorrow!	*¡Hasta mañana!*

- Además, otras formulas de despedida son:

Take care!	*¡Cuídate!*
Have a nice day!	*¡Que tengas un buen día!*
Till next time!	*¡Hasta la próxima!*

No olvidemos que por la noche, para despedirnos, también podemos usar "**Good night!**" (*¡Buenas noches!*)

EXERCISES: 1.- ¿Cuál es la respuesta más usual cuando nos dan las gracias por algo?

2.- ¿Con qué expresión de una sola palabra podemos dar las gracias?

3.- ¿Cuál de las siguientes expresiones no es una despedida?

a) See you! b) Good evening!
c) Good night!

Soluciones: 1.- You're welcome; 2.- Thanks; 3.- b.

LECCIÓN 5
¿DE DÓNDE ERES?

DIALOGUE

Jessica: Are you a new student in this school?

María: Yes, I am.

Jessica: Where are you from?

María: I'm from Mexico.

Jessica: Pardon?

María: I'm from Mexico. I'm Mexican.

Jessica: Okay. And what's your name?

María: My name's Maria.

Jessica: ¿Eres una estudiante nueva en esta escuela?

María: Sí, lo soy.

Jessica: ¿De dónde eres?

María: Soy de México.

Jessica: ¿Qué?

María: Soy de México. Soy mexicana.

Jessica: De acuerdo. ¿Y cómo te llamas?

María: Me llamo María.

- **RESPUESTAS CORTAS**: Para responder a una pregunta de forma corta utilizamos "**Yes**" *(sí)* o "**No**" *(no)*, el **pronombre sujeto** que corresponda y el **auxiliar** (el verbo "to be" en este caso). El auxiliar será afirmativo o negativo, según el caso.

Are you a new student in this school? **Yes, I am.** — *¿Eres una estudiante nueva en esta escuela? Sí (lo soy).*

Is it a camera? **No, it isn't.** — *¿Es una cámara? No (no lo es).*

PREGUNTAR LA PROCEDENCIA

- Cuando preguntamos por procedencia o país de origen usamos **"Where .... from?"** *(¿De dónde ....?)* Así:

Where are you from? I'm from Brazil. I'm Brazilian. — *¿De dónde eres? Soy de Brasil. Soy brasileño.*

Where is Paul from? He is from San Francisco. He's American. — *¿De dónde es Paul? Es de San Francisco. Es estadounidense.*

- No olvides que las nacionalidades, al igual que los idiomas, en inglés siempre se escriben con letra mayúscula.

EXERCISE: 1.- Responde de forma corta.

a) Is it a book? No, ...

b) Is he Peter? Yes, ...

c) Am I tall? No, ...

d) Are they students? Yes, ...

Soluciones: 1.- a) No, it isn't; b) Yes, he is; c) No, you aren't; d) Yes, they are.

LECCIÓN 6

SOY JARDINERO

DIALOGUE

Bruce: My wife told me you are a gardener.

Robert: Yes, I'm a gardener.

Bruce: I see. And do you work here?

Robert: Yes, I work in this area. It's a nice place to work in.

Bruce: Yes, it is. It's full of trees and flowers. By the way, what flower is that?

Robert: It's an orchid.

Bruce: Mi esposa me dijo que usted es jardinero.

Robert: Sí, soy jardinero.

Bruce: Comprendo. ¿Y trabaja aquí?

Robert: Sí, trabajo en esta zona. Es un bonito lugar en el que trabajar.

Bruce: Sí, lo es. Está lleno de árboles y flores. A propósito, ¿qué flor es esa?

Robert: Es una orquídea.

USO DE "A/AN"

- El artículo indeterminado "a" *(un, una)* se usa:

- Delante de un nombre contable en singular cuando nos referimos a él por primera vez:

It is **a** book. *Es un libro.*

He is **a** boy. *Es un muchacho.*

- Al hablar de profesiones u ocupaciones (cuando el sujeto sea singular):

She is **a** teacher. *Ella es profesora.*

I'm **a** gardener. *Soy jardinero.*

- En muchos casos equivale a "one" (*uno/a*):

I have **a** car. *Tengo un auto.*

- **RECUERDA**: Se usa **"a"** delante de palabras que comienzan por consonante (sonido consonántico); en cambio se usa **"an"** delante de palabras que comienzan por vocal (sonido vocálico) o "h" muda:

It is **a** dog. *Es un perro.*

He is **an** architect. *Él es arquitecto.*

She is **an** honest woman. *Es una mujer honrada.*

EXERCISE: 1.- Completar con el artículo indeterminado (a/an), cuando sea necesario.

a) She's .... artist. b) They are .... painters.
c) Is it .... egg? d) I am .... doctor.

Soluciones: 1.- a) an; b) -; c) an; d) a.

LECCIÓN 7
AQUÍ LO TIENES

DIALOGUE

John: Hello, Mike! Come on in, please. How are you?	*John: ¡Hola, Mike! Pasa, por favor. ¿Cómo estás?*
Mike: Fine, thanks. John, I want to ask you a favor.	*Mike: Bien, gracias. John, quiero pedirte un favor.*
John: Okay. What can I do for you?	*John: De acuerdo. ¿Qué puedo hacer por ti?*
Mike: Can I borrow your Spanish-English dictionary?	*Mike: ¿Puedes prestarme tu diccionario español-inglés?*
John: Sure! Are you learning Spanish?	*John: ¡Claro! ¿Estás aprendiendo español?*
Mike: No, but a Colombian friend of mine is coming home for dinner tonight and the dictionary can be very helpful.	*Mike: No, pero un amigo mío colombiano viene a casa a cenar esta noche y el diccionario puede resultar de gran ayuda.*
John: I see. Here you are.	*John: Comprendo. Aquí (lo) tienes.*

INVITAR A PASAR A LA CASA

- Para invitar a alguien a pasar al interior de la casa se pueden utilizar estas expresiones:

Come in, please!
Come on in, please! → *¡Pasa / Pase, por favor!*

EXPRESIONES ÚTILES

- Cuando se solicita algo (y muchas veces cuando también se ofrece), se suele acompañar la expresión diciendo **"please"** *(por favor)*.

Can you do that for me, **please**? *¿Puedes hacer eso por mí, por favor?*

ENTREGAR ALGO A ALGUIEN

- Cuando hacemos entrega de algo a alguien, pagamos alguna cosa, etc., solemos acompañar el gesto con las expresiones **"Here you are"** o **"There you are"** *(Aquí tiene[s])*.

Do you want my dictionary? *¿Quieres mi diccionario?*
Here you are. *Aquí (lo) tienes.*

EXERCISE: 1.- Elegir la opción correcta en cada caso.

a) Hello, Fred. Come ...., please! (on / in / up).

b) Two dollars? Here you .... (have / can / are)

Soluciones: 1.- a) in; b) are.

NIVEL BÁSICO

LECCIÓN 8
¿LEJOS O CERCA?

DIALOGUE

Greg: Is this your coat?

Barbara: No, it is that one over there. I'm sorry but I have to go. The meal was delicious. Thank you for inviting me.

Greg: You're welcome, Barbara. Thank you for coming.

Barbara: Well, we can meet again next week. But this time in my house. What do you think?

Greg: That's a good idea.

Greg: ¿Es ese tu abrigo?

Barbara: No, es ese de allí. Lo lamento, pero me tengo que ir. La comida estaba deliciosa. Gracias por invitarme.

Greg: De nada, Barbara. Gracias por venir.

Barbara: Bueno, nos podemos ver de nuevo la semana que viene. Pero esa vez en mi casa. ¿Qué te parece?

Greg: Esa es una buena idea.

MOSTRAR CERCANÍA Y LEJANÍA

- **RECUERDA**: El demostrativo **"this"** *(este, esta, esto)* muestra que el hablante está cerca del objeto al que se refiere, mientras que **"that"** *(ese, esa, eso, aquel, aquella, aquello)* pone de manifiesto que los dos están a cierta distancia o incluso lejos.

Is **this** your coat? — *¿Es este tu abrigo?*

That computer is expensive. — *Esa computadora es cara.*

Las formas en plural son **"these** y **"those"** respectivamente.

AGRADECIMIENTOS (II) (Thanking)

- Cuando agradecemos a alguien alguna acción usamos la preposición **"for"** y **dicha acción en gerundio (infinitivo + ing)**.

Thank you **for coming**. — *Gracias por venir.*
Thank you very much **for helping** me. — *Muchas gracias por ayudarme.*

PEDIR DISCULPAS

- Para pedir disculpas por algo solemos decir "Sorry" o "I'm sorry" *(Lo siento, lo lamento)*:

I'm sorry, but I have to go now. *Lo lamento, pero me tengo que ir ahora.*

EXERCISE: 1.- Subrayar los adjetivos demostrativos adecuados.

a) Si los muchachos están lejos: These / Those boys are Peter and John.

b) Si el teléfono celular se encuentra cerca: That / This cell phone is Japanese.

c) Si los autos están cerca: Those / These cars are blue.

Soluciones: 1.- a) Those; b) This; c) These.

LECCIÓN 9

MI HIJA Y SU NOVIO ESTÁN EN PERÚ

DIALOGUE

Jerry: Did you know, Tom? Sally is in Peru now.	*Jerry: ¿Sabes, Tom? Sally está en Perú ahora.*
Tom: Sally? Is she your sister?	*Tom: ¿Sally? ¿Es tu hermana?*
Jerry: No, she's my daughter.	*Jerry: No, es mi hija.*
Tom: And what's she doing there?	*Tom: ¿Y qué está haciendo allí?*
Jerry: She is on vacation. She's there with her boyfriend.	*Jerry: Está de vacaciones. Está allí con su novio.*
Tom: Is he Peruvian?	*Tom: ¿Es peruano?*
Jerry: No, he's American. They went there together.	*Jerry: No, es estadounidense. Fueron allí juntos.*

NIVEL BÁSICO

LA FAMILIA – The family

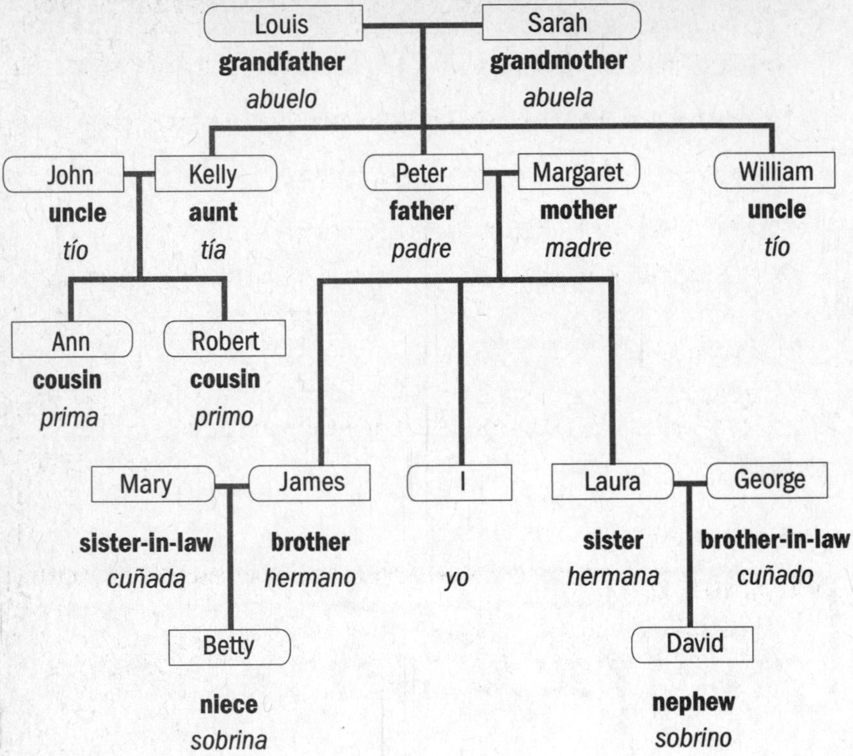

Otros términos relacionados con la familia son:

parents: *padres*

children: *hijos*

son: *hijo*

daughter: *hija*

grandparents: *abuelos*

grandchildren: *nietos*

grandson: *nieto*

granddaughter: *nieta*

husband: *marido, esposo*

wife: *mujer, esposa*

boyfriend: *novio*

girlfriend: *novia*

Los miembros de la familia política son los "in-laws" (ver también el árbol genealógico):

parents-in-law: *suegros*

father-in-law: *suegro*

mother-in-law: *suegra*

daughter-in-law: *nuera*

son-in-law: *yerno*

Mary is my **sister-in-law**.	*Mary es mi cuñada.*
Is Sarah your **grandmother**? Yes, she is.	*¿Es Sarah tu abuela? Sí, lo es.*
Kelly is my **aunt**. Her **husband** is John.	*Kelly es mi tía. Su marido es John.*
My **grandparents** have five **grandchildren**.	*Mis abuelos tienen cinco nietos.*

EXERCISE: 1.- ¿Cómo se denomina .....?

a) La hermana de mi madre ....
b) Los padres de mi padre ....
c) La hija de mi hermano ....
d) El marido de mi hermana ....
e) El hijo de mi tío ....

Soluciones: 1.- a) aunt; b) grandparents; c) niece; d) brother-in-law; e) cousin.

LECCIÓN 10
DISCULPE, ¿NO ES USTED...?

DIALOGUE

Mary: Excuse me, aren't you Henry Hanks, the famous comedian?	*Mary: Disculpe, ¿no es usted Henry Hanks, el famoso humorista?*
Henry: Yes, that's right.	*Henry: Sí, soy yo.*
Mary: Oh, pleased to meet you, Mr. Hanks! My name is Mary Parker.	*Mary: ¡Oh, encantada de conocerlo, Sr. Hanks! Mi nombre es Mary Parker.*
Henry: How do you do?	*Henry: Es un placer conocerla.*
Mary: How do you do? What a surprise! I am a big fan of yours. I think you are the best comedian on TV.	*Mary: El placer es mío. ¡Qué sorpresa! Soy una gran fan suya. Creo que usted es el mejor humorista de la televisión.*

PRESENTACIONES (Introducing people)

- Para presentarse uno a sí mismo se pueden utilizar distintas expresiones:

Hello, **I'm** Bob. (informal)	*Hola, soy Bob.*
My name is Bob. (formal)	*Mi nombre es Bob.*

- Para presentar a otra persona se puede decir:

Peter, **this is** Brenda. (informal)	*Peter, ella es Brenda.*
Let me introduce you to Brenda. (formal)	*Permítame presentarle a Brenda.*
I'd like to introduce you to Brenda. (formal)	*Me gustaría presentarle a Brenda.*

- Al saludarse las personas que se han presentado, suelen decir:

(It's) **nice to meet you.** (informal)	*Mucho gusto / Encantado de conocerte.*
(I'm) **pleased / glad to meet you.** (informal)	*Mucho gusto / Encantado de conocerte.*
How do you do?* (formal) (informal)	*Es un placer conocerle.*

* Esta pregunta se responde formulando la misma pregunta.

- Para expresar opiniones personales podemos decir **"I think ..."** *(Creo que...)* o **"In my opinion..."** *(En mi opinion...)*, como en "**I think** you are the best comedian on TV".

EXERCISE: 1.- ¿Cuál de los siguientes verbos no está relacionado con las presentaciones?

a) know b) meet c) introduce

Solución: 1.- a.

LECCIÓN 11

¿CÓMO ES TU MADRE?

DIALOGUE

Pierce:	Do you have any brothers or sisters, Ashley?	*Pierce:*	*¿Tienes hermanos o hermanas, Ashley?*
Ashley:	Yes, I have two brothers and one sister.	*Ashley:*	*Sí, tengo dos hermanos y una hermana.*
Pierce:	Do they look like you?	*Pierce:*	*¿Se parecen a ti?*
Ashley:	My sister looks like me, but my brothers look like my father.	*Ashley:*	*Mi hermana se parece a mí, pero mis hermanos se parecen a mi padre.*
Pierce:	And what is your mother like?	*Pierce:*	*¿Y cómo es tu madre?*
Ashley:	She's a funny person; a little talkative, and very cheerful.	*Ashley:*	*Es una persona divertida; un poco habladora, y muy alegre.*

PREGUNTAR CÓMO ES UNA PERSONA

- Para describir a una persona se usan los verbos "**to be like**" y "**to look like**". Estos dos verbos significan "parecerse a / ser como", pero "**to be like**" se refiere a la personalidad o al carácter, mientras que "**to look like**" se refiere al parecido físico. Así, para pedir descripciones se usan estas dos preguntas:

What is Maggie **like?**	*¿Cómo es Maggie (de carácter)?*
She is <u>shy</u> and <u>quiet</u>.	*Ella es tímida y callada.*
What does Maggie **look like?**	*¿Cómo es Maggie (físicamente)?*
She is <u>tall</u>, <u>thin</u> and very <u>pretty</u>.	*Ella es alta, delgada y muy linda.*

ADJETIVOS RELATIVOS A LA PERSONALIDAD Y AL ASPECTO FÍSICO

PERSONALIDAD		ASPECTO FÍSICO	
shy	*tímido*	**tall**	*alto*
extroverted	*extrovertido*	**short**	*bajo*
quiet	*callado, tranquilo*	**thin, slim**	*delgado*
talkative	*hablador*	**fat, overweight**	*gordo*
nice	*simpático, agradable*	**handsome**	*bello (hombre)*
funny	*divertido*	**pretty**	*bella (mujer)*
intelligent	*inteligente*	**ugly**	*feo*
cheerful	*alegre*	**young**	*joven*
		old	*viejo*
		strong	*fuerte*
		weak	*débil*

EXERCISE: 1.-¿Qué adjetivo es el opuesto a .....?

a) shy ....

b) tall ....

c) talkative ....

Soluciones: 1.- a) extroverted; b) short; c) quiet

LECCIÓN 12

ES MUY DIFERENTE A SU HERMANO

DIALOGUE

Donovan:	Carol, you know Steven. What does he look like?	*Donovan:*	*Carol, tú conoces a Steven. ¿Cómo es físicamente?*
Carol:	He has short dark hair and brown eyes.	*Carol:*	*Tiene el cabello corto y moreno y los ojos marrones.*
Donovan:	Well, I know his sister and she is not like that.	*Donovan:*	*Bueno, yo conozco a su hermana y ella no es así.*
Carol:	Isn't she? What does she look like?	*Carol:*	*¿No? ¿Cómo es ella?*
Donovan:	She has long curly blond hair and blue eyes.	*Donovan:*	*Ella tiene el cabello largo, rizado y rubio, y los ojos azules.*

LA CARA – The face

hair: *cabello, pelo*	**forehead**: *frente*	**eyebrow**: *ceja*
eyelashes: *pestañas*	**eye**: *ojo*	**nose**: *nariz*
ear: *oreja*	**cheek**: *mejilla*	**mouth**: *boca*
lip: *labio*	**teeth**: *dientes* (**tooth**: *diente*)	**chin**: *mentón, barbilla*

Al hablar sobre el cabello podemos usar algunos de los siguientes adjetivos:

- color: **black** *(negro)*, **dark** *(oscuro)*, **brown** *(castaño)*, **blond / fair** *(rubio)*, **red** *(pelirrojo)*.
- forma: **straight** *(liso, lacio)*, **curly** *(rizado)*, **wavy** *(ondulado)*.
- tamaño: **long** *(largo)*, **short** *(corto)*.

Si hablamos de los ojos, estos pueden ser:

- color: **brown** *(marrones)*, **blue** *(azules)*, **green** *(verdes)*, **black** *(negros)*.
- tamaño: **big** *(grandes)*, **small** *(pequeños)*.

Cuando usemos varios de estos adjetivos en una frase, el orden de dichos adjetivos será "tamaño - forma - color":

She has **long curly blond** hair. *Ella tiene el cabello largo, rizado y rubio.*

I have **small brown** eyes. *Tengo los ojos pequeños y marrones.*

EXERCISE: 1.- Ordenar las letras para formar palabras relativas a las partes de la cara.

a) H T E T E b) E D F A H E R O c) T M U H O
d) B W E E R Y O e) N I H C

Soluciones: 1.- a) TEETH; b) FOREHEAD; c) MOUTH; d) EYEBROW; e) CHIN

NIVEL BÁSICO

LECCIÓN 13
¿CUÁL ES TU NOMBRE?

DIALOGUE

Laura: What's your first name?	*Laura: ¿Cuál es tu nombre?*
Victor: My name is Victor.	*Victor: Mi nombre es Victor.*
Laura: How is that spelled?	*Laura: ¿Cómo se deletrea?*
Victor: V-I-C-T-O-R.	*Victor: V-I-C-T-O-R.*
Laura: What's your last name?	*Laura: ¿Cuál es tu apellido?*
Victor: Johnson.	*Victor: Johnson.*
Laura: How old are you?	*Laura: ¿Cuántos años tienes?*
Victor: I'm 29 years old.	*Victor: Tengo 29 años.*
Laura: Where are you from?	*Laura: ¿De dónde eres?*
Victor: I'm from Florida.	*Victor: Soy de Florida.*

"WHAT" Y "WHICH"

- **"What?"** y **"which?"** son los pronombres interrogativos usado para preguntar por *"¿qué?"* o *"¿cuál/cuáles?"*, pero se diferencian en que **"what"** se usa en la pregunta cuando existen muchas posibles respuestas, mientras que **"which"** se utiliza cuando el número de respuestas es bastante limitado.

What color is your car?	*¿De qué color es tu auto?*
Which is your name, Sarah or Sandra?	*¿Cuál es tu nombre, Sarah o Sandra?*

PREGUNTAR Y DAR INFORMACIÓN PERSONAL

- Cuando preguntamos por información personal solemos usar el interrogativo "what", como en:

What is your name? ¿*Cómo te llamas?*
My name is Albert. *Me llamo Albert.*

What is your address? ¿*Cuál es tu dirección?*
My address is ... *Mi dirección es ...*

What's your telephone number? ¿*Cuál es tu número de teléfono?*
My telephone number is ... *Mi número de teléfono es el ...*

What is your job? I'm a teacher. ¿*Cuál es tu trabajo? Soy profesor.*

What nationality are you? ¿*De qué nacionalidad eres?*

EXERCISE: 1.- Rellenar los espacios con "what" o "which".

a) .... restaurant do you prefer?

b) .... language does he teach, French or Italian?

c) ....sport do you play?

Soluciones: 1.- a) What; b) Which; c) What.

LECCIÓN 14
¿QUÉ EDAD TIENES?

DIALOGUE

Justine: How old are your nephews, Wesley?
Justine: ¿Qué edad tienen tus sobrinos, Wesley?

Wesley: Gordon is 24 years old and Falcon is 18.
Wesley: Gordon tiene 24 años y Falcon tiene 18.

Justine: Wow! Time flies! I remember when I last saw them. They were just two little boys.
Justine: ¡Guau! ¡El tiempo vuela! Recuerdo la última vez que los vi. Eran dos muchachitos.

Wesley: Yes, time passes too quickly. By the way, how old are you?
Wesley: Sí, el tiempo pasa demasiado deprisa. Por cierto, ¿cuántos años tienes tú?

Justine: I'm almost 39 years old.
Justine: Tengo casi 39 años.

NÚMEROS DEL 1 AL 99:

1 one	11 eleven	21 twenty-one
2 two	12 twelve	22 twenty-two
3 three	13 thirteen	30 thirty
4 four	14 fourteen	40 forty
5 five	15 fifteen	50 fifty
6 six	16 sixteen	60 sixty
7 seven	17 seventeen	70 seventy
8 eight	18 eighteen	80 eighty
9 nine	19 nineteen	90 ninety
10 ten	20 twenty	99 ninety-nine

- **RECUERDA**: A partir del número 21, entre las decenas y las unidades aparece un guión:

37 thirty-seven 64 sixty-four

PREGUNTAR Y RESPONDER ACERCA DE LA EDAD

- Para preguntar la edad de alguien hacemos uso de **"how old?"** *(¿qué edad?)* y el verbo **"to be"**:

How old are you?
¿Qué edad tienes?

How old is your mother?
¿Qué edad tiene tu madre?

- Para responder:

  I <u>am</u> 29 (twenty-nine) years old. — *Tengo 29* años.

  My mother <u>is</u> 55 (fifty-five) years old. — *Mi madre tiene* 55 años.

  Coloquialmente es frecuente omitir las palabras "years old" y decir, por ejemplo, "I'm 29".

- No podemos olvidar que, al referirnos a la edad, el verbo **"to be"** equivale a *"tener"*.

EXERCISE: 1.- Completa en número o en letra:

a) 36: .... b) ...: twenty-eight c) 12: ....

d) ...: forty-nine e) 74: ....

<u>Soluciones</u>: 1.- a) thirty-six; b) 28; c) twelve; d) 49; e) seventy-four.

LECCIÓN 15

¿CON QUIÉN VIVES?

DIALOGUE

Albert:	Are you still living alone, Margaret?	*Albert:*	*¿Todavía vives sola, Margaret?*
Margaret:	No, Albert, I'm not living alone any more.	*Margaret:*	*No, Albert, ya no vivo sola.*
Albert:	Who are you living with?	*Albert:*	*¿Con quién estás viviendo?*
Margaret:	I am living with my boyfriend. We want to get married but he has to get divorced first. He is still married.	*Margaret:*	*Estoy viviendo con mi novio. Queremos casarnos, pero primero tiene que divorciarse. Él todavía está casado.*
Albert:	Oh, I see.	*Albert:*	*¡Ah! Entiendo.*

"WHO"

- **"Who"** *(quién / quiénes)* es el pronombre interrogativo que usamos al referirnos a personas, es decir, cuando queremos saber qué persona realiza una acción. Así:

Who are your best friends?	*¿Quiénes son tus mejores amigos?*
Who can speak English?	*¿Quién sabe hablar inglés?*
Who is that strange guy?	*¿Quién es aquel tipo extraño?*

EL ESTADO CIVIL (The marital status)

- Para saber el estado civil de alguien podemos usar algunas de las siguientes preguntas:

What's your marital status?	*¿Cuál es tu estado civil?*
Are you married or single?	*¿Estás soltera o casada?*
When did you get married?	*¿Cuándo te casaste?*
Did you get divorced?	*¿Te divorciaste?*

"YA NO"

- Para expresar que ya no se tiene un estado o ya no se realiza una acción hacemos uso de "any more" o "any longer", que colocamos al final de la frase. Observa:

I'm not living alone **any more**.	*Ya no vivo sola.*
We couldn't wait for you **any longer**.	*Ya no te podíamos esperar más.*

EXERCISE: 1.- ¿Cuál de los siguientes adjetivos no es un estado civil?

a) alone b) divorced c) married d) widower e) single

Soluciones: 1.- a.

LECCIÓN 16

AQUÍ Y ALLÍ

DIALOGUE

Joe: Hi, Carl! What are you doing here?

Carl: Hi! I want to buy some things I need.

Joe: But you live far from here. Aren't there stores near your house?

Carl: Yes, there are, but I can't find what I want over there.

Joe: Okay. Let's see what you need.

Joe: ¡Hola, Carl! ¿Qué estás haciendo aquí?

Carl: ¡Hola! Quiero comprar algunas cosas que necesito.

Joe: Pero tú vives lejos de aquí. ¿No hay tiendas cerca de tu casa?

Carl: Sí, las hay, pero no puedo encontrar lo que quiero por allí.

Joe: De acuerdo. Veamos lo que necesitas.

AQUÍ Y ALLÍ (Here and there)

- **"Here"** *(aquí, acá)* y **"there"** *(allí, allá, ahí)* son dos adverbios de lugar.
- **"Here"** se utiliza cuando indicamos que algo está cerca del hablante, o bien un lugar próximo a él:

Come **here**! — *¡Ven aquí!*

I am **here**. — *Estoy aquí.*

- **"There"** se usa cuando indicamos que algo está retirado o alejado del hablante, o bien un lugar distante de él:

Her sister is **there**.
Su hermana está allí.

My cell phone isn't **there**.
Mi teléfono celular no está allí.

NIVEL BÁSICO

- En muchos casos estos adverbios aparecen en otras expresiones:

My house is **right here**.
Mi casa está aquí mismo.

Your father is **over there**.
Tu padre está por allí.

The picture **up there** is really nice.
El cuadro de allí arriba es realmente bonito.

EXERCISE: 1.- Rellenar los espacios con "here" o "there".

a) (I'm in Spain). They are in Florida. They live ....

b) We are .... but they are ....

c) (I'm in the kitchen). The dictionary? It isn't .... It is over ...., in the living room.

Soluciones: 1.-: a) there; b) here...there; c) here...there.

LECCIÓN 17
UN DÍA HABITUAL

DIALOGUE

Alfred: What does your husband do after work, Lindsay?

Lindsay: He comes home, has dinner and watches television or reads the newspaper. Sometimes he helps our son and studies with him. Then, he goes to bed.

Alfred: ¿Qué hace tu marido después del trabajo, Lindsay?

Lindsay: Viene a casa, cena y mira la televisión o lee el periódico. A veces ayuda a nuestro hijo y estudia con él. Después se va a la cama.

EXPRESAR ACCIONES HABITUALES O RUTINAS

- **RECUERDA**: Para expresar **acciones habituales o rutinarias** utilizamos el presente simple de los verbos.

- En frases afirmativas, usamos el **infinitivo** del verbo (sin"to"), que es invariable para todas las personas, excepto para la 3ª persona del singular (he, she, it), donde se añade una **"s"**. Así:

She **lives** in New Mexico.	*Ella vive en Nuevo México.*
I **speak** Spanish.	*Hablo español.*
You **work** from Monday to Friday.	*Tú trabajas de lunes a viernes.*
They **get up** early.	*Ellos se levantan temprano.*

- En cuanto a la 3ª persona del singular (he, she, it) veamos algunos casos:

- Si el infinitivo acaba en **–s**, **-sh**, **-ch**, **-o**, **-x**, o **–z**, se añade **"es"**.

She **washes** her hands.
Ella se lava las manos.

My father **goes** to work by car.
Mi padre va a trabajar en auto.

- Si el infinitivo acaba en **"-y"** precedida de vocal, se añade **"s"**, pero si va precedida de una consonante, la **"y"** se transforma en **"i"** y se añade **"es"**.

He **plays** tennis.
Él juega al tenis.

The baby **cries** a lot.
El bebé llora mucho.

EXERCISE: 1.- Conjugar los verbos en tercera persona del singular del presente simple:

a) do .... b) buy .... c) take ....

d) study .... e) push ....

Soluciones: 1.- a) does; b) buys; c) takes; d) studies; e) pushes.

NIVEL BÁSICO

LECCIÓN 18

¿QUÉ TIEMPO HACE?

DIALOGUE

(Helen and Graham are speaking on the phone).

Helen: I really want to go to the beach today.

Graham: Good idea. What's the weather like there?

Helen: It's hot and sunny now.

Graham: Then, hurry up. You know that the weather is unpredictable there.

(Helen y Graham están hablando por teléfono).

Helen: Quiero ir a la playa hoy.

Graham: Buena idea. ¿Qué tiempo hace allí?

Helen: Hace calor y está soleado ahora.

Graham: Entonces, date prisa. Sabes que el tiempo allí es impredecible.

EL TIEMPO – The weather

sun	*sol*	**rain**	*lluvia, llover*
cloud	*nube*	**wind**	*viento*
fog	*niebla*	**snow**	*nieve, nevar*

weather forecast *pronóstico meteorológico*

- Los adjetivos derivados de estos nombres se forman añadiendo una "-y" a dichos sustantivos.

sunny	*soleado*	**rainy**	*lluvioso*
cloudy	*nublado*	**windy**	*ventoso*
foggy	*con niebla*		

- Otros adjetivos son:

hot	*caluroso*	**warm**	*cálido*
cool	*fresco*	**cold**	*frío*
wet	*húmedo*	**dry**	*seco*

- Para preguntar por el tiempo usamos alguna de las siguientes preguntas:

What's the weather like? / How's the weather?
¿Cómo está el tiempo? / ¿Qué tiempo hace?

It's sunny. *Hace sol (está soleado).*

It's rainy. *Está lluvioso.*

It's cloudy. *Está nublado.*

It's windy. *Hace viento.*

It is raining. *Está lloviendo.*

It is snowing. *Está nevando.*

- Las estaciones del año son:

spring *primavera*

summer *verano*

fall *otoño*

winter *invierno*

What's the weather like in **spring**? *¿Qué tiempo hace en primavera?*
It's windy and rainy. *Hace viento y es lluvioso.*

EXERCISE: 1.- Completar las frases con las palabras: dry, cloudy, hot, snowing.

a) It is a .... day.

b) In the desert, the weather is .... and ....

c) It is .... and the streets are white.

Soluciones: 1.- a) cloudy; b) hot, dry; c) snowing.

LECCIÓN 19
¿CON QUÉ FRECUENCIA LO HACES?

DIÁLOGO

Abbie: Randy, how often do you eat pasta?	*Abbie: Randy, ¿Con qué frecuencia comes pasta?*
Randy: It depends. I sometimes eat it, but I never put cheese on it.	*Randy: Depende. A veces la como, pero nunca le añado queso.*
Abbie: Why not? Don't you like it?	*Abbie: ¿Por qué no? ¿No te gusta?*
Randy: Not much. I almost never eat cheese.	*Randy: No mucho. Casi nunca como queso.*

EXPRESAR FRECUENCIA (I)

- Para preguntar con qué frecuencia tiene lugar una acción usamos **"How often?"**. Y para responder, hacemos uso de alguno de los siguientes adverbios:

always	*siempre*	**generally**	*generalmente*
usually	*normalmente*	**sometimes**	*a veces*
rarely	*pocas veces*	**almost never**	*casi nunca*
never	*nunca*		

- Estos adverbios se colocan detrás del verbo "to be" (u otro auxiliar), si éste aparece en la frase, o delante del verbo, si éste es otro.

- **How often** do you read the newspaper?
- *¿Con qué frecuencia lees el periódico?*

- I **usually** <u>read</u> the newspaper.
- *Normalmente leo el periódico.*

- **How often** is he late for work? - *¿Con qué frecuencia llega tarde al trabajo?*

- He <u>is</u> **always** late for work. - *Él siempre llega tarde al trabajo.*

- Alguno de estos adverbios a veces también puede estar colocado al principio o al final de la frase.

Sometimes I go to the gym. *A veces voy al gimnasio.*

EXERCISE: 1.- Colocar el adverbio de frecuencia donde corresponda.

a) He .... plays football .... (never)

b) I ....go .... to the movies. (often)

c) They ....are .... at home. (always)

Soluciones: 1.- a) He never plays football; b) I often go to the movies; c) They are always at home.

LECCIÓN 20

¿A QUÉ HORA QUIERES LEVANTARTE?

DIALOGUE

Rose: Sorry, I overslept. My clock didn't go off this morning.

Frank: Again?

Rose: Yes, even though I set the alarm last night.

Frank: What time did you want to wake up?

Rose: I wanted to wake up at 6:30 a.m.

Frank: Your clock never works. I think you should buy a new one.

Rose: Lo siento, me quedé dormida. Mi despertador no sonó esta mañana.

Frank: ¿Otra vez?

Rose: Sí, aunque puse la alarma anoche.

Frank: ¿A qué hora te querías despertar?

Rose: Quería despertarme a las 6:30 de la mañana.

Frank: Tu reloj no funciona. Creo que deberías comprarte uno nuevo.

PREGUNTAR Y DECIR LA HORA

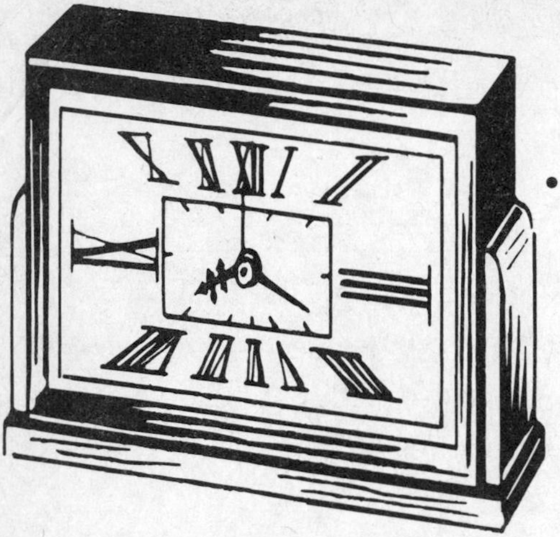

- Para preguntar la hora decimos "**What time is it?**" o "**What's the time?**" (*¿Qué hora es?*)

- Y para responder a esta pregunta, primero expresamos los minutos y luego las horas. Entre los minutos y las horas usaremos **"after"**, si el minutero está entre las 12 y las 6, o **"to"**, si el minutero está entre las 6 y las 12, es decir, "**after**" corresponde a "*y*" y "**to**" corresponde a "*menos*".

01:10	It's ten **after** one.	*Es la una **y** diez.*
03:55	It's five **to** four.	*Son las cuatro **menos** cinco.*

- Con **o'clock** marcamos las horas "en punto":

02:00	It's two **o'clock.**	*Son las dos en punto.*

- Para expresar las horas "y media" usamos **"half past"**:

11:30	It's **half past** eleven.	*Son las once y media.*

- Para expresar los cuartos:

08:15	It's **a quarter after** eight.	*Son las ocho y cuarto.*
02:45	It's **a quarter to** three.	*Son las tres menos cuarto.*

EXERCISE: 1.- Marca la hora de forma numérica:

a) It's a quarter to six.

b) It's twenty after twelve.

c) It's five to eleven.

Soluciones: 1.- a) 05:45; b) 12:20; c) 10:55.

LECCIÓN 21

¿CUÁNTOS PUEDO COMPRAR?

DIALOGUE

Seller:	How much do you want to spend on tomatoes?	*Vendedor:*	*¿Cuándo se quiere gastar en tomates?*
Richard:	I'm not sure. How much are they? How many can I buy for $3?	*Richard:*	*No estoy seguro. ¿Cuánto cuestan? ¿Cuántos puedo comprar por $3?*
Seller:	These ones are expensive. Maybe four.	*Seller:*	*Estos son caros. Quizás cuatro.*
Richard:	And how much tomato sauce can I get for the same price?	*Richard:*	*¿Y cuánta salsa de tomate puedo llevarme por el mismo precio?*
Seller:	Two jars. That would be a good idea.	*Seller:*	*Dos botes. Esa sería una buena idea.*

PREGUNTAR POR CANTIDADES

- Para preguntar por cantidades se utilizan:

"How much?" *(¿Cuánto/a?)*, si se trata de un nombre incontable.

"How many?" *(¿Cuántos/as?)*, si se trata de un nombre contable.

How much <u>tomato sauce</u> can I buy?
¿Cuánta salsa de tomate puedo comprar?

How many <u>cakes</u> are there on the table?
¿Cuántos pasteles hay en la mesa?

PREGUNTAR POR EL PRECIO

- **"How much?"** se utiliza también para preguntar precios. Para ello se suele usar con el verbo **"to be"**, que en este caso equivale a "*costar*".

How much is the beer? — *¿Cuánto cuesta la cerveza?*

How much are the apples? — *¿Cuánto cuestan las manzanas?*

EXERCISE: 1.- Completar con "how much" o "how many".

a) .... bottles are there?

b) .... money do you have?

c) .... are the oranges?

d) .... bicycles are there in the garden?

e) .... lemonade is there on the table?

Soluciones: 1.- a) How many; b) How much; c) How much; d) How many; e) How much.

LECCIÓN 22

NO LLEVO MUCHO DINERO ENCIMA

DIALOGUE

Jack:	Do you want to buy many books, Paula?	*Jack:*	*¿Quieres comprar muchos libros, Paula?*
Paula:	No, not many. Just two or three. They are Christmas presents.	*Paula:*	*No, no muchos. Solo dos o tres. Son regalos de Navidad.*
Jack:	I don't have much money on me. What about you?	*Jack:*	*No llevo mucho dinero encima. ¿Y tú?*
Paula:	No, not much, but I think it'll be enough.	*Paula:*	*No, no mucho, pero creo que será suficiente.*
Jack:	Enough? I hope so, because you always buy a lot of things.	*Jack:*	*¿Suficiente? Espero que sí, porque siempre compras muchas cosas.*

EXPRESAR UNA GRAN CANTIDAD

- Para expresar gran cantidad de alguna cosa se usan los adverbios "**much**", "**many**" y "**a lot of**".

much + nombre incontable	*mucho/a*
many + nombre contable	*muchos/as*
a lot of + nombre contable o incontable	*mucho/a/os/as*

- "**A lot of**" se utiliza en frases afirmativas, mientras que "**much**" y "**many**" se usan en frases negativas y preguntas, aunque "many" puede aparecer en algunas frases afirmativas.

I have **a lot of** books.	*Tengo muchos libros*
She doesn't have **much** money.	*Ella no tiene mucho dinero.*
Are there **many** pupils in the classroom?	*¿Hay muchos alumnos en la clase?*

EXERCISE: 1.- Completar con "much", "many"o "a lot of".

a) How .... teachers do you have?

b) Are there ....statues in the museum?

c) There are 10 litres of juice. That's .... juice for you.

d) There isn't .... coffee in the kitchen.

Soluciones: 1.- a) many; b) many; c) a lot of; d) much

LECCIÓN 23

NECESITA UN POCO DE HARINA PARA HACER GALLETAS

Ted: Is Michael at the supermarket now?	*Ted: ¿Está Michael en el supermercado ahora?*
Coral: Yes. He needed some things for the salad. He always buys a little lettuce and only a few carrots.	*Coral: Sí. Él necesitaba algunas cosas para la ensalada. Siempre compra un poco de lechuga y unas pocas zanahorias.*

Ted: He told me he wants to make some cookies.

Coral: Yes, he only has a few cookies left, so he needs a little flour to make some more.

Ted: Me dijo que quiere hacer galletas.

Coral: Sí, solo le quedan unas pocas galletas, así que necesita un poco de harina para hacer algunas más.

EXPRESAR UNA PEQUEÑA O POCA CANTIDAD

- Para expresar poca o pequeña cantidad de alguna cosa, se usan "**little**" y "**few**".

little + nombre incontable *poco/a*

few + nombre contable *pocos/as*

Si la cantidad es pequeña pero suficiente, se usarán **"a little"** y **"a few"**. Veamos la diferencia:

There is **little** sugar for the cake.
Hay poco azúcar para el pastel.

There is **a little** sugar for the cake.
Hay un poco de azúcar para el pastel.

She has **few** dollars.
Ella tiene pocos dólares.

She has **a few** dollars.
Ella tiene unos pocos dólares.

EXERCISE: 1.- Usar "little" o "few".

a) My friends have three children and .... time to relax.

b) Only .... people can answer that question

c) We need a ....bread for the sandwich.

d) There is a........................... water in the glass.

Soluciones: 1.- a) little; b) few; c) little; d) little.

LECCIÓN 24

¿QUÉ TAL SI VAMOS EL PRÓXIMO MIÉRCOLES?

DIALOGUE

Jim: You know, Lucy? There's a good modern art exhibition in the city. Would you like to go to the museum sometime this week?

Lucy: Okay, but how long will it be open to the public?

Jim: It will be open from January 31st to March 2nd. How about next Wednesday evening?

Lucy: I can't on Wednesday. We could go on Thursday instead.

Jim: Okay. That would be perfect for me.

Jim: ¿Sabes, Lucy? Hay una buena exposición de arte modern en la ciudad. ¿Te gustaría ir al museo en algún momento esta semana?

Lucy: De acuerdo, pero, ¿cuánto tiempo estará abierta al público?

Jim: Estará abierta desde el 31 de enero hasta el 2 de marzo. ¿Qué tal el próximo miércoles por la tarde-noche?

Lucy: No puedo el miércoles. Pero podríamos ir el jueves.

Jim: Muy bien. Sería perfecto para mí.

LOS DÍAS DE LA SEMANA

DAYS OF THE WEEK:

Monday	Tuesday	Wednesday	Thursday	Friday	Saturday	Sunday
lunes	*martes*	*miércoles*	*jueves*	*viernes*	*sábado*	*domingo*

- Cuando nos referimos a un día de la semana y una parte del día, no se usa ninguna preposición entre ambos:

I can't visit my aunt on **Friday morning.**
No puedo visitar a mi tía el viernes por la mañana.

A nanny looks after her children on **Saturday afternoons**.
Una niñera cuida a sus hijos los sábados por la tarde.

LOS MESES DEL AÑO

MONTHS OF THE YEAR:

January	*enero*	**July**	*julio*
February	*febrero*	**August**	*agosto*
March	*marzo*	**September**	*septiembre*
April	*abril*	**October**	*octubre*
May	*mayo*	**November**	*noviembre*
June	*junio*	**December**	*diciembre*

- **RECUERDA**: En inglés, los días de la semana y los meses del año siempre se escriben con letra mayúscula.

EXERCISE: 1.- ¿Qué meses del año sólo tienen una vocal en su nombre?

Soluciones: 1.- March, September, December.

LECCIÓN 25

SÍRVETE TÚ MISMO

DIALOGUE

Mary: Hello! You must be Bill. Come in, please. Can I take your coat?

Bill: Yes, please. It's nice to meet you, Mary. Mark talks a lot about you.

Mary: Mark is at the supermarket now buying some wine. He'll be back soon. Help yourself to a drink. There's some beer and fruit juice.

Bill: I think I'll have a beer. By the way, Mary, this is a lovely place.

Mary: Thank you. Come on, I'll show you around the house. This is the living room.

Mary: ¡Hola! Tú debes ser Bill. Pasa, por favor. ¿Puedes darme tu abrigo?

Bill: Sí, por favor. Es un placer conocerte, Mary. Mark habla mucho sobre ti.

Mary: Mark está ahora en el supermercado comprando vino. Volverá pronto. Sírvete un trago. Hay cerveza y jugo de fruta.

Bill: Creo que tomaré una cerveza. Por cierto, Mary, este es un lugar encantador.

Mary: Gracias. Vamos, te mostraré la casa. Este es el salón.

EXPRESIONES AL RECIBIR INVITADOS

- Al recibir invitados en casa podemos utilizar distintas expresiones:

- A la llegada:

Welcome to my home!
¡Bienvenido/s a mi casa!

Come in, please!
¡Pase/n, por favor!

Can I take your coat?
¿Pueden darme sus abrigos?

Let me take your umbrellas.
Permítanme sus paraguas.

- Al invitarlos a que se sirvan comida o bebida:

Help yourself! *¡Sírvete! / ¡Sírvase! (usted)*

Help yourselves! *¡Sírvanse! (ustedes)*

Si añadimos la comida o bebida, usamos la preposición **"to"**:

Help yourselves to a drink, please.
Sírvanse algo para beber, por favor.

- Para mostrarles la vivienda:

I'll show you around the house. (informal)
Te mostraré la casa.

Let me show you around the house. (formal)
Permítanme mostrarle la casa.

EXERCISE: 1.- ¿Cuál de las siguientes expresiones no significa lo mismo que las demás?
a) Come on! b) Come in! c) Come on in!

Soluciones: 1.- a.

NIVEL BÁSICO

LECCIÓN 26

¡QUÉ CUADROS TAN BONITOS!

DIALOGUE

Paul:	What beautiful pictures! Who is the artist?	*Paul:*	*¡Qué cuadros tan bonitos! ¿Quién es el artista?*
Edward:	My wife. She usually paints on weekends. She sells her paintings in a gallery.	*Edward:*	*Mi esposa. Ella normalmente pinta los fines de semana. Vende sus pinturas en una galería.*
Paul:	Are you a painter too?	*Paul:*	*¿Eres pintor también?*
Edward:	No, I'm not. Come to the window and take a look at this.	*Edward:*	*No, yo no. Ven a la ventana y echa un vistazo a esto.*
Paul:	What's that? Wow! What a lovely view!	*Paul:*	*¿Qué es? ¡Guau! ¡Qué vista tan bonita!*
Edward:	Yes. The view from here is astonishing.	*Edward:*	*Sí. La vista desde aquí es increíble.*
Bill:	You have a very nice house, Edward! Lucky you!	*Bill:*	*Tienes una casa muy linda, Edward! ¡Qué suerte tienes!*

EXPRESIONES DE SORPRESA Y AGRADO

- Para mostrar sorpresa o agrado con alguna cosa, podemos usar expresiones como estas:

¡Qué + nombre + más / tan + adjetivo!

What a/an + adjetivo + nombre!

What a lovely house! *¡Qué casa más bonita!*

What a nice view! *¡Qué vista tan bella!*

What an expensive vase! *¡Qué jarrón tan caro!*

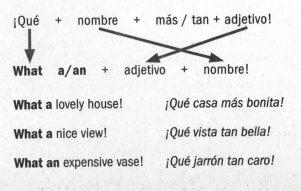

Pero si el nombre es plural, no aparece el artículo "a".

What big rooms! *¡Qué habitaciones tan grandes!*

What beautiful pictures! *¡Qué cuadros tan bonitos!*

EXERCISE: 1.- Señalar la frase o frases incorrectas.

a) What wonderful world! b) What a good news! c) What an exciting day!

Soluciones: 1.- "a" y "b".

LECCIÓN 27
ME ENCANTA PASEAR POR LA MAÑANA

DIALOGUE

Susan: I love walking in the morning.	*Susan: Me encanta pasear por la mañana.*
James: I do, too. Moreover, in the afternoon there are a lot of people over here, children playing around...	*James: A mí también. Además, por la tarde hay mucha gente por aquí, niños jugando...*
Susan: You're right. I came to the park yesterday afternoon because I wanted to walk the dog and went back home immediately. This place was crowded.	*Susan: Tienes razón. Vine al parque ayer por la tarde porque quería pasear al perro y volví a casa inmediatamente. Este lugar estaba abarrotado.*

LAS PARTES DEL DÍA

- Para expresar las distintas partes del día se usan estas expresiones:

in the morning *por la mañana*

at midday / at noon *al mediodía*

in the afternoon *por la tarde*

in the evening *por la noche (equivale a la tarde-noche)*

at night *por la noche*

NIVEL BÁSICO

I usually get up at seven **in the morning**.	*Normalmente me levanto a las siete de la mañana.*
Lunch is served **at midday**.	*El almuerzo se sirve al mediodía.*
They work **in the afternoon**.	*Ellos trabajan por la tarde.*
She comes back home **in the evening**.	*Ella vuelve a casa por la tarde-noche.*
People sleep **at night**.	*La gente duerme por la noche.*

- **RECUERDA**: Cuando nos referimos a un día y una parte del día, entre ambos no se usa ninguna preposición.

  I have to go to a meeting on **Monday morning**.
  Tengo que ir a una reunión el lunes por la mañana.

  We saw your mother **yesterday afternoon**.
  Vimos a tu madre ayer por la tarde.

EXERCISE: 1.- Elegir la opción correcta para completar la frase. "Peter is coming .... tomorrow morning".

a) on b) at c) in d) -

Soluciones: 1.- d.

LECCIÓN 28
VENGO DOS VECES A LA SEMANA

DIALOGUE

Susan: Wow! It's hard work exercising in the morning!	*Susan: ¡Guau! ¡Hacer ejercicio por la mañana es duro!*
James: Yes, it is. How often do you come to the gym?	*James: Sí, lo es. ¿Con qué frecuencia vienes al gimnasio?*
Susan: Twice a week. And you?	*Susan: Dos veces a la semana. ¿Y tú?*
James: I come to the gym four times a week, usually in the afternoon.	*James: Yo vengo al gimnasio cuatro veces a la semana, normalmente por la tarde.*

EXPRESAR FRECUENCIA (II)

- Una forma de referirnos a la frecuencia con que se realiza una acción es indicando la cantidad de veces que tiene lugar dicha acción. Así:

once *una vez*

twice *dos veces*

A partir de tres se usa el numeral y la palabra "times" *(veces)*:

three times *tres veces*

seven times *siete veces*

- Para indicar la cantidad de veces que se realiza la acción en un período de tiempo determinado, se utiliza el artículo **"a"** seguido de dicho período de tiempo:

once a month *una vez al mes*

twice a year *dos veces al año*

four times a week *cuatro veces a la semana*

How often do you visit your grandparents? I visit them **three times a month.**
¿Con qué frecuencia visitas a tus abuelos? Los visito tres veces al mes.

How often does she go to the gym? She goes to the gym **twice a week.**
¿Con qué frecuencia va ella al gimnasio? Ella va al gimnasio dos veces a la semana.

EXERCISE: 1.- La frase "We did that exercise once or twice a week", ¿es correcta o incorrecta?
a) correct b) incorrect

Solución: 1.- a.

LECCIÓN 29

PREFIERO IR A NADAR

DIALOGUE

Caesar: Do you play any sports?

Pamela: Yes, I play tennis once a week, with my sister.

Caesar: I like tennis too, but I usually watch it on television. I prefer going swimming or doing karate.

Pamela: Oh, I didn't know you do karate. Are you a black belt?

Caesar: ¿Practicas algún deporte?

Pamela: Sí, juego al tenis una vez a la semana, con mi hermana.

Caesar: También me gusta el tenis, pero normalmente lo veo por televisión. Prefiero ir a nadar o hacer karate.

Pamela: Oh, no sabía que haces karate. ¿Eres cinturón negro?

ACTIVIDADES FÍSICAS Y DEPORTE

- Para expresar actividades físicas y deportes usamos diferentes verbos, dependiendo de la actividad. Así:
- Si se practica con pelota, se usa el verbo **"to play"**:

play soccer	*jugar al fútbol*	**play golf**	*jugar al golf*
play baseball	*jugar al béisbol*	**play tennis**	*jugar al tenis*

He **plays** tennis on weekends. *Él juega al tenis los fines de semana.*

- Si no se practica con pelota, se usa el verbo **"to go"** y la actividad en gerundio:

go swimming	*(ir a) nadar*	**go horseback-riding**	*(ir a) montar a caballo*
go skating	*(ir a) patinar*	**go cycling**	*(ir a) montar en bicicleta*

My sister **goes** swimming once a week.
Mi hermana va a nadar una vez a la semana.

- Para otras actividades, como las recreativas, artes marciales, etc., se utiliza **"to do"**:

do yoga *hacer yoga*

do pilates *hacer pilates*

do spinning *hacer spinning*

do judo *practicar judo*

I **do** pilates on Mondays and Thursdays.

Hago pilates los lunes y jueves.

EXERCISE: 1.- Completar la frase con la opción correcta. "How often do you .... basketball?"

a) go b) play c) do

Solución: 1.- b.

LECCIÓN 30

¿QUÉ HACES EN TU TIEMPO LIBRE?

DIALOGUE

Chris: I know you are very busy with your work, but what do you do in your free time?

Lisa: I like gardening and I can spend hours looking after my plants.

Chris: Sounds interesting.

Lisa: What about you? What are your hobbies?

Chris: I love painting. I find it very relaxing.

Chris: Sé que estás muy ocupada con tu trabajo, pero ¿qué te haces en tu tiempo libre?

Lisa: Me gusta la jardinería y puedo pasar horas cuidando mis plantas.

Chris: Suena interesante.

Lisa: ¿Y tú? ¿Cuáles son tus hobbies?

Chris: Me encanta pintar. Lo encuentro muy relajante.

PREGUNTAR ACERCA DE HOBBIES Y PASATIEMPOS

- Para preguntar por las aficiones o pasatiempos podemos decir:

What are your hobbies?
¿Cuáles son tus hobbies?

What do you do in your spare/free time?
¿Qué haces en tu tiempo libre?

- A estas preguntas se les puede reponder, por ejemplo:

My hobbies are going to the movies, listening to music and dancing.
Mis hobbies son ir al cine, escuchar música y bailar.

In my spare time I go swimming.
En mi tiempo libre voy a nadar.

I like playing dominoes with my friends.
Me gusta jugar al dominó con mis amigos.

EXPRESIONES ÚTILES

- Para mostrar interés o sorpresa por algún tema o comentario se puede decir:

Sounds good!	*¡Suena bien!*
Sounds interesting!	*¡Suena interesante!*
Sounds like a lot of fun!	*¡Suena muy divertido!*

EXERCISE: 1.- ¿Qué opción completa correctamente la frase? "I like reading in my .... time."

a) spear b) spare c) speak

Solución: 1.- b.

LECCIÓN 31

LO SIENTO, NO COMPRENDO

DIALOGUE

Naomi: Joseph, you speak Spanish, don't you?	*Naomi: Joseph, tú hablas español, ¿verdad?*
Joseph: Yes, I do.	*Joseph: Sí.*
Naomi: What does "ventana" mean in English?	*Naomi: ¿Qué significa "ventana" en inglés?*
Joseph: Sorry, it's noisy and I can't hear you. Can you repeat that, please?	*Joseph: Lo siento, hay ruido y no te oigo. ¿Puedes repetir, por favor?*
Naomi: Of course. What does "ventana" mean in English?	*Naomi: Por supuesto. ¿Qué significa "ventana" en inglés?*
Joseph: It means "window". Are you learning Spanish, Naomi?	*Joseph: Significa "window". ¿Estás aprendiendo español, Naomi?*

PREGUNTAR POR EL SIGNIFICADO

- Para preguntar por el significado de alguna palabra o expresión podemos usar distintas fórmulas:

What does "grammar" **mean?** — *¿Qué significa "grammar"?*

What is the meaning of "grammar"? — *¿Cuál es el significado de "grammar"?*

- Y se responde diciendo:

It means "gramática". — *Significa "gramática".*

"Grammar" **means** "gramática". — *"Grammar" significa "gramática".*

PEDIR QUE SE REPITA ALGO NO ENTENDIDO

- Si lo que queremos es que nos repitan algo que no hemos entendido:

Sorry, I don't understand. *Disculpa, no comprendo.*

Can you repeat that, please? *¿Puedes repetir, por favor?*

Can you speak more slowly, please? *¿Puedes hablar más despacio, por favor?*

Estas últimas preguntas podrían ser más formales si sustituimos "can" por "could".

EXERCISES: 1.- ¿Cuál de las siguientes oraciones es correcta?

a) What do "sharpener" mean? b) What does "sharpener" means?

c) What does "sharpener" mean?

2.- ¿Qué oración resulta más formal?

a) Could you repeat that, please? b) Can you repeat that, please?

c) Will you repeat that, please?

Soluciones: 1.- c; 2.- a.

LECCIÓN 32
SE TE DA BIEN COCINAR

DIALOGUE

Pamela: Mmmmm. This meal is delicious.

Keith: Yes, it is. I think you are very good at cooking.

Pamela: Yes, I think I am a good cook.

Keith: On the contrary, I am very bad at it. I can only make salads.

Pamela: You should spend more time in the kitchen. I am sure you would become an excellent cook if you wanted.

Pamela: Mmmmm. Esta comida está deliciosa.

Keith: Sí, lo está. Creo que cocinar se te da muy bien.

Pamela: Sí, creo que soy una buena cocinera.

Keith: Por el contrario, a mí se me da muy mal. Solo puedo hacer ensaladas.

Pamela: Deberías pasar más tiempo en la cocina. Estoy segura de que te convertirías en un excelente cocinero si quisieras.

EXPRESAR DESTREZAS

- Algunas expresiones que denotan destreza (o no) son las siguientes:

to be (very) good at	*ser (muy) bueno, dársele (muy) bien hacer algo*
to be (very) bad at	*ser (muy) malo, dársele (muy) mal hacer algo*
I am very good at tennis.	*Soy muy bueno jugando al tenis.*
She isn't good at mathematics.	*Ella no es buena en matemáticas.*
They're bad at French.	*Se les da mal el francés.*

- Si en lugar de sustantivos usamos acciones, es decir, verbos, estos han de ir en gerundio:

I'm bad at <u>cooking</u>.	*Soy malo cocinando. (No se me da bien cocinar).*
He's very good at <u>swimming</u>.	*Él es muy bueno nadando.*
We aren't good at <u>singing</u>.	*No se nos da bien cantar.*

EXERCISE: 1.- ¿Cuál de las siguientes oraciones se usaría para preguntar si alguien es bueno haciendo alguna cosa?

a) What are you good? b) What do you good at? c) What are you good at?

<u>Soluciones:</u> 1.- c.

LECCIÓN 33

SÉ CONDUCIR, PERO NO TENGO AUTO

NIVEL BÁSICO

DIALOGUE

Madeleine:	Do you have to get up very early?	*Madeleine:*	*¿Tienes que levantarte temprano?*
Ted: Yes,	I have to get up at 7:00 a.m. every day so I can catch the bus to work.	*Ted:*	*Sí, tengo que levantarme a las 7 de la mañana para poder tomar el autobús al trabajo.*

Madeleine: At 7:00 a.m.? That's very early! Can you drive?

Ted: Yes, I can, but I don't have a car.

Madeleine: ¿A las 7 de la mañana? ¡Es muy temprano! ¿Sabes conducir?

Ted: Sí, sé, pero no tengo auto.

EXPRESAR POSIBILIDAD Y HABILIDAD

- El verbo "**can**" (*poder*) es un verbo modal que usamos para expresar posibilidad o habilidad para hacer algo, por lo que también equivale a "*saber*".

- "**Can**" se utiliza delante de un infinitivo (sin "to") y tiene una forma invariable para todas las personas, es decir, en presente, no añade "-s" en tercera persona. Su forma negativa es "can't" y en preguntas invierte el orden con el sujeto.

I **can** play tennis.
Yo puedo / sé jugar al tenis.

She **can** dance salsa.
Ella puede/sabe bailar salsa.

They **can't** speak French.
Ellos no saben hablar francés.

Her gandmother **can't** swim.
Su abuela no sabe nadar.

Can you buy the newspaper? *¿Puedes comprar el periódico?*

What **can** we do? *¿Qué podemos hacer?*

- "**Can**" también se utiliza para pedir y dar permiso.

Can I open the window? *¿Puedo abrir la ventana?*

You **can** drive my car. *Puedes conducir mi auto.*

EXERCISE: 1.- Corregir los errores, si es necesario.

a) My mother cans cook very well.
b) He can't uses the computer.
c) Can you pass me the salt, please?
d) They can't to open the bottle.

Soluciones: 1.- a) can; b) use; c) -; d) can't open.

LECCIÓN 34
TENGO QUE QUEDARME EN LA OFICINA

DIALOGUE

(Maddock and Gabrielle are speaking on the phone)

Maddock: Gabrielle, I can't go to the school and pick the children up.

Gabrielle: Why not? Is everything okay?

Maddock: Yes, honey, but I have to stay in the office. I have to work overtime. I didn't remember.

Gabrielle: Well, don't worry. I'll do it.

(Maddock y Gabrielle están hablando por teléfono)

Maddock: Gabrielle, no puedo ir a la escuela y recoger a los niños.

Gabrielle: ¿Por qué no? ¿Va todo bien?

Maddock: Sí, cariño, pero tengo que quedarme en la oficina. Tengo que trabajar horas extras. No me acordaba.

Gabrielle: Bueno, no te preocupes, yo lo haré.

EXPRESAR OBLIGACIÓN (I)

- Una de las formas usadas para expresar obligación en inglés es por medio del verbo **"have to"** *(tener que)*, que siempre va seguido de un infinitivo.

I **have to** do my homework.	*Tengo que hacer mis deberes.*
You **have to** buy a cell phone.	*Tienes que comprar un celular.*
She **has to** study hard.	*Ella tiene que estudiar mucho.*

- Para realizar **preguntas** se usa **"do/does"** delante del sujeto y **"have to"**:

Do they **have to** work overtime?	*¿Ellos tienen que trabajar horas extras?*
What **do** we **have to** do?	*¿Qué tenemos que hacer?*
Where **does** he **have to** go?	*¿Dónde tiene que ir él?*

- La forma negativa **(don't / doesn't have to)** implica falta de obligación, es decir, que no es necesario hacer algo.

I **don't have to** get up early on Sundays.
No tengo que madrugar los domingos.

She **doesn't have to** buy a new car.
Ella no tiene que comprar un auto nuevo.

EXERCISE: 1.- ¿De qué manera expresamos que no es necesario que ella trabaje?

a) She's rich. She can't work.

b) She's rich. She doesn't work.

c) She's rich. She doesn't have to work.

Soluciones: 1.- c.

LECCIÓN 35
¿PUEDE DELETREAR SU APELLIDO?

DIALOGUE

Hannah: Hello, this is Hannah Fairweather. I'm calling about the job advertisement in the newspaper.

Stuart: Okay, Hannah. I'll just take some details from you and we'll arrange an interview. Could you spell your last name for me, please?

Hannah: Yes, it's F-A-I-R-W-E-A-T-H-E-R. The last letter is "R", as in "Rome".

Hannah: Hola. Soy Hannah Fairweather. Llamo por el anuncio de trabajo del periódico.

Stuart: De acuerdo, Hannah. Tomaré unos detalles suyos y concertaremos una entrevista. ¿Me podría deletrear su apellido, por favor?

Hannah: Sí, es F-A-I-R-W-E-A-T-H-E-R. La última letra es "R", de "Roma".

EL ABECEDARIO

- Es importante aprender las distintas letras del alfabeto, ya que así podremos deletrear o pedir que deletreen palabras.

A	B	C	D	E	F	G	H	I	J	K	L	M
(ei)	(bi)	(si)	(di)	(i)	(ef)	(**sh**i)*	(éich)	(ai)	(**sh**éi)*	(kéi)	(el)	(em)

N	O	P	Q	R	S	T	U	V	W	X	Y	Z
(en)	(ou)	(pi)	(kiú)	(ar)	(es)	(ti)	(iu)	(vi)	(dábliu)	(eks)	(wái)	(zi)

* La pronunciación /**sh**/ de estas letras es la equivalente a la pronunciación de la "ll" en Argentina o Uruguay.

DELETREAR

- Para pedir que alguien deletree una palabra se usan las siguientes expresiones:

Can you spell the word "house"?
¿Puedes deletrear la palabra "house"?

Could you spell your name, please?
¿Podría deletrear su nombre, por favor?

How do you spell "house"?
¿Cómo deletreas "house"? /
¿Cómo se deletrea "house"?

- Cuando se deletrea una palabra, para evitar cualquier confusión decimos:

"A" **as in** Alabama — *"A" de Alabama*

"T" **as in** "Tom" — *"T" de Tom*

EXERCISE: 1.- ¿Qué expresión se usa para pedir que deletreen la palabra "cup"?

a) Can you say the word "cup"? b) Can you spell the word "cup"?

c) Can you write the word "cup"?

Soluciones: 1.- b.

LECCIÓN 36

¿CUÁL ES TU NÚMERO DE TELÉFONO?

DIALOGUE

Jackie: You know, Oscar? I changed my telephone number.

Oscar: Why did you do that?

Jackie: I didn't want to pay more money to the telephone company I had a contract with and I closed my cellphone account.

Oscar: So you are with a different company now.

Jackie: That's right.

Oscar: But Jackie, don't forget that they are all the same.

Jackie: One never knows. Well, can you save my new number? It is 606-749-2411.

Jackie: ¿Sabes, Oscar? He cambiado mi número de teléfono.

Oscar: ¿Por qué lo hiciste?

Jackie: No quería pagar más dinero a la compañía telefónica a la que pertenecía y me di de baja del teléfono móvil.

Oscar: Entonces perteneces a otra compañía diferente ahora.

Jackie: Así es.

Oscar: Pero Jackie, no olvides que todas son iguales.

Jackie: Uno nunca sabe. Bueno, ¿puedes guardar mi número? Es el 606-7492411.

LOS NÚMEROS TELEFÓNICOS

- Para dar o expresar un número telefónico se suele hacer número por número.

  - El número "0" puede decirse "oh" (/ou/, como la letra "o"), o bien "zero".

  - Cuando el número contenga dos dígitos iguales seguidos, podemos decirlos uno a uno o bien usando la expresión "double + número".

  - What's your phone number?

  - It's 908 417 33 86 (nine-**zero**-eight-four-one-seven-**three-three**-eight-six)
  (nine-**oh**-eight-four-one-seven-**double three**-eight-six)

- Para pedirle a alguien su número de teléfono, coloquialmente decimos:

  What is your phone number?
  ¿Cuál es tu número de teléfono?

- Y de una manera más formal, podríamos decir:

  Could I have your phone number, please?
  ¿Podría darme su número de teléfono, por favor?

EXERCISE: 1.- ¿Cuál de los siguientes números telefónicos está correctamente expresado?

a) three-two hundred-eight-seven-oh-five-double four.

b) three-two-double oh-eight-seven-oh-five-double four.

c) three-two-oh-zero-eighty-seven-oh-five-four-four.

Soluciones: 1.- b.

LECCIÓN 37
¿DE PARTE DE QUIÉN?

NIVEL BÁSICO

DIALOGUE

Roberta: Good morning. Could I speak to the manager, please?
Operator: One moment, please. Who's calling?
Roberta: This is Roberta Graham. I'm calling to make a complaint.
Operator: Hold on, please. I'll put you through to him.

Roberta: Buenos días. ¿Podría hablar con el gerente, por el favor?
Operadora: Un momento, por favor. ¿De parte de quién?
Roberta: Soy Roberta Graham. Estoy llamando para realizar una queja.
Operadora: Espere, por favor. Le paso con él.

EXPRESIONES AL TELÉFONO

- Para pedir hablar con alguien:

Can I speak to Margaret? — *¿Puedo hablar con Margaret?*

Could I speak to Margaret Clark, please? — *¿Podría hablar con Margaret Clark, por favor?*

I'd like to speak to Margaret, please. — *Quisiera (me gustaría) hablar con Margaret, por favor.*

- Para preguntar quién llama:

Who's calling? — *¿Quién llama? / ¿De parte de quién?*

- Para identificarse uno mismo no se utiliza "I am ...", sino **"this is ...."**:

- Who's calling? — *¿Quién llama?*
- **This is** Carlos Pérez. — *Soy (habla) Carlos Pérez.*

- Cuando solicitamos que nos transfieran la llamada a otra persona:

Could you put me through to John Gates, please? — *¿Podría pasarme con John Gates, por favor?*

- Si se pide a la otra persona espere en línea:

Hold on, please. — *Espere, por favor.*

Hold on a moment, please. — *Espere un momento, por favor.*

Could you **hold** a minute? — *¿Podría esperar un momento?*

EXERCISE: Señalar las oraciones que correspondan específicamente al lenguaje telefónico.

1. a) This is John McMillan. b) My name's John McMillan. c) I am John McMillan.

2. a) Could I speak to Mr. Evans, please? b) Could Mr. Evans speak, please? c) Could I speak, Mr. Evans?

Soluciones: 1.- a; 2.- a.

LECCIÓN 38

¿PUEDES DARME MÁS IDEAS?

DIALOGUE

Carlton: Fred, you went to San Francisco. Can you help me decide what to do and see there?

Fred: Sure! First of all, you should see the Golden Gate Bridge.

Carlton: Okay, and then, can you give me more ideas?

Fred: Yes, you can walk around the city. It's a nice city for walking.

Carlton: But can I walk up those hills?

Fred: Yes, you can. It's good exercise.

Carlton: Fred, tú fuiste a San Francisco. ¿Puedes ayudarme a decidir qué hacer y ver allí?

Fred: ¡Claro! Lo primero de todo, deberías ver el puente Golden Gate.

Carlton: Bien, y luego, ¿puedes darme más ideas?

Fred: Sí, puedes pasear por la ciudad. Es una ciudad bonita para pasear.

Carlton: ¿Pero puedo subir aquellas colinas?

Fred: Sí que puedes. Es un buen ejercicio.

EXPRESAR PETICIONES (I)

- Para pedir o solicitar algo usamos "can", si lo hacemos de una manera informal, y "could", si necesitamos expresarnos con mayor formalidad.

  Can I speak to Jane, please?
  ¿Puedo hablar con Jane, por favor?

  Could you spell your name, please?
  ¿Podría deletrear su nombre, por favor?

- Para responder a estas preguntas afirmativamente, podemos decir:

- de una manera informal: **"Sure"** *(claro)*, **"Okay"** o **"Yes"**.
- de una manera formal: **"Of course"** *(por supuesto)* o **"Certainly"** *(claro)*.

NIVEL BÁSICO

- Can I speak to Jimmy?
¿Puedo hablar con Jimmy?

- **Sure.** Hold on.
Claro. Espera.

- Could I speak to Mr. Jones, please?
¿Podría hablar con el Sr. Jones?

- **Certainly.** I'll put you through to him.
Claro. Le paso con él.

EXERCISE: 1.- ¿Con cuál de las siguientes frases queremos que nos transfieran la llamada con alguien?

a) Could I speak to Mr. Evans, please?

b) Could Mr. Evans speak, please?

c) Could I speak, Mr. Evans?

Soluciones: 1.- a.

LECCIÓN 39
ME GUSTARÍA DEJARLE UN MENSAJE

DIÁLOGO

Abbey:	Good afternoon! May I speak to the director?	*Abbey:*	*¡Buenas tardes! ¿Puedo hablar con la directora?*
Secretary:	I'm afraid she is not in. But, could I help you in anyway?	*Secretary:*	*Me temo que no se encuentra aquí. Pero, ¿puedo ayudarle en cualquier caso?*
Abbey:	Well, I would like to see her, but, if she is not in her office....	*Abbey:*	*Bueno, me gustaría verla, pero, si no está en su oficina....*
Secretary:	She told me she would be back in two hours.	*Secretary:*	*Me dijo que volvería en dos horas.*
Abbey:	Then I'd like to leave a message for her.	*Abbey:*	*Entonces me gustaría dejarle un mensaje.*
Secretary:	Alright, I'll take it.	*Secretary:*	*De acuerdo, lo tomo.*

EXPRESAR PETICIONES FORMALES

- Otra manera de expresar peticiones formales es por medio de **"I would like to + infinitivo"** *(quisiera, me gustaría)*. En este caso no realizamos una pregunta, sino que se trata de una oración afirmativa.

  Esta expresión se suele utilizar de forma contraída: **"I'd like to + infinitivo"**.

  I'd like to speak to Mrs. O'Hara, please. — *Quisiera (me gustaría) hablar con la Sra. O'Hara, por favor.*

  I'd like to have a meeting with her. — *Me gustaría tener una reunión con ella.*

- Pero puede haber más sujetos:

  He'd like to see her. — *A él le gustaría verla.*

  We'd like to leave a message. — *Nos gustaría dejar un mensaje.*

EXERCISE: 1.- ¿Cuál de las siguientes frases presenta un menor grado de formalidad?

a) Can I speak to Mr. Smith, please? b) I'd like to speak to Mr. Smith, please.

c) Could I speak to Mr. Smith, please?

Soluciones: 1.- a.

LECCIÓN 40
¿DE DÓNDE ERES?

DIALOGUE

Alyson: What's your job, Ed?

Ed: I work as a mechanic in a garage.

Alyson: And do you like your job?

Ed: Well, it depends. There are days I like it and days I don't. And you? What do you do?

Alyson: I'm a secretary. I work for an important oil company in Texas.

Alyson: ¿Cuál es tu trabajo, Ed?

Ed: Trabajo como mecánico en un taller.

Alyson: ¿Y te gusta tu trabajo?

Ed: Bueno, depende. Hay días que me gusta y días que no. ¿Y tú? ¿A qué te dedicas?

Alyson: Yo soy secretaria. Trabajo para una importante empresa petrolífera en Texas.

PREGUNTAR Y RESPONDER SOBRE EL TRABAJO

- Para preguntar a alguien cuál es su trabajo se pueden utilizar las siguientes preguntas:

What's your job?	*¿Cuál es tu trabajo?*
What do you do?	*¿A qué te dedicas? / ¿Qué haces?*
What's your occupation/profession?	*¿Cuál es tu profesión?*

- A estas preguntas se les puede responder con:

"I'm a plumber" o **"I work as a** plumber".
"Soy fontanero/plomero" o "Trabajo como fontanero/plomero" .

"She's a translator" o
"She works as a translator".
"Ella es traductora" o
"Ella trabaja como traductora".

- Y se puede añadir información:

I mend drains, faucets, gas pipes, etc.
Arreglo desagües, grifos, cañerías de gas, etc.

She translates articles and books.
Ella traduce artículos y libros.

- Si se quiere decir para quién o para qué empresa se trabaja se usa la preposición **"for"**:

I work for "Simpson Limited".	*Trabajo para "Simpson Limited".*
She works for a Spanish company.	*Ella trabaja para una compañía española.*

EXERCISE: 1.- ¿Cuál de las siguientes oraciones no se refiere al trabajo?

a) What does she do? b) What is her profession? c) What is she doing?

Soluciones: 1.- c.

LECCIÓN 41
¿DÓNDE NACISTE?

DIALOGUE

Mark: Laura, you say that you're 35 ears old, but you look younger.

Laura: Thank you. Yes, I'm 35.

Mark: And where were you born?

Laura: I was born in Brazil, but my family moved to the U.S. in 1995, when I was a teenager.

Mark: I see, but do you miss Brazil or the Brazilian way of life?

Mark: Laura, dices que tienes 35 años, pero pareces más joven.

Laura: Gracias. Sí, tengo 35 años.

Mark: ¿Y dónde naciste?

Laura: Nací en Brasil, pero mi familia se mudó a EEUU en 1995, cuando yo era adolescente.

Mark: Entiendo, pero ¿echas de menos Brasil o el tipo de vida brasileño?

EL VERBO "TO BE BORN"

- El verbo "**to be born**" (*nacer*) se usa habitualmente en pasado, es decir, "**was born**" o "**were born**", según sea el sujeto de la frase. Así:

I **was born** in 1980. *Nací en 1980.*

Where **were** you **born**? *¿Dónde naciste?*

CÓMO EXPRESAR LOS AÑOS

- Para expresar los años los dividimos en dos cifras (los primeros dos dígitos y los dos últimos), y se leen como números cardinales:

1966 (19 66) **nineteen sixty-six**

1871 (18 71) **eighteen seventy-one**

1603 (16 03) **sixteen oh three**

- Si las dos últimas cifras del año son dos ceros, usamos la palabra "hundred".

1900: nineteen **hundred**

NIVEL INTERMEDIO

- A partir del año 2000 los años se suelen expresar así:

2000 **two thousand** 2010 **two thousand (and) ten**

- Aunque también se puede decir:

2008 (20 08) **twenty oh eight** 2015 (20 15) **twenty fifteen**

EXERCISE: 1.- Completar con la forma correcta del verbo "to be born".

a) .... he .... in 1992?

b) Where .... they .... ?

c) You ....in 1976 but in 1977.

Soluciones: a) Was he born in 1992?; b) Where were they born?; c) You weren't born in 1976 but in 1977.

LECCIÓN 42

¿DE QUIÉN ES ESO?

DIALOGUE

Ian: Whose laptop is that, Rachel? I haven't seen it before.

Rachel: I don't know, Ian. It isn't mine.

Ian: It isn't mine, either. And I think it isn't Betty's. Hers is old and this one is brand new.

Rachel: Well, we'll ask Betty. Look, she's on her way over here.

Betty: Hey, guys! Have you seen my new laptop? I've been looking for it for ages but I don't know where it is.

Ian: *¿De quién es esa computadora portátil, Rachel? No la había visto antes.*

Rachel: *No lo sé, Ian. No es la mía.*

Ian: *Tampoco es la mía. Y creo que no es la de Betty. La suya es antigua y esta está nueva.*

Rachel: *Bueno, le preguntaremos a Betty. Mira, por ahí viene.*

Betty: *¡Hey, chicos! ¿Han visto mi computadora portátil nueva? La he estado buscando durante un buen rato y no sé dónde está.*

"WHOSE"

- El pronombre interrogativo **"whose?"** se usa para preguntar de quién es alguna cosa, es decir, quién es su propietario. Las preguntas se pueden realizar de dos maneras:

  Whose is this <u>cell phone</u>? / Whose <u>cell phone</u> is this?
  ¿De quién es este teléfono celular?

- Para responder a las preguntas con "whose" podemos usar los pronombres posesivos:

  Whose bedroom is that? It's **hers.**
  ¿De quién es ese dormitorio? Es suyo (de ella).

- Y también podemos hacer uso del caso genitivo:

  Whose is this computer? It's **Tom's**. *¿De quién es esta computadora? Es de Tom.*

EXERCISE: 1.- ¿Qué dos preguntas se pueden formular para obtener la siguiente respuesta? "These are Carol's books".

a) ....

b) ....

<u>Soluciones</u>: 1.- a) Whose books are these?; b) Whose are these books?

LECCIÓN 43

¿CÓMO PUEDO IR ALLÍ?

DIALOGUE

Visitor: Excuse me, sir. I'd like to go downtown. Is it far from here?

Frank: Well, yes, it's a bit far. We are in the outskirts of the city.

Visitor: And how can I get there?

Frank: Take a cab. I think that is the best thing you can do. There is a bus stop right there but the bus will take a long time to come.

Visitante: Disculpe, señor. Me gustaría ir al centro de la ciudad. ¿Está lejos de aquí?

Frank: Bueno, sí, está un poco lejos. Estamos en las afueras de la ciudad.

Visitante: ¿Y cómo puedo llegar allí?

Frank: Tome un taxi. Creo que es lo mejor que puede hacer. Hay una parada de autobús justo allí, pero el autobús tardará mucho en venir.

PREGUNTAR POR LUGARES

- Para preguntar dónde se encuentra un lugar podemos decir, por ejemplo:

Where is the post office?
¿Dónde está la oficina de correos?

Where's the bank?
¿Dónde está el banco?

Is there a school **near** here?
¿Hay una escuela cerca de aquí?

Is the store **near** here?
¿Está la tienda cerca de aquí?

Is it **far from** here?
¿Está lejos de aquí?

PREGUNTAR CÓMO LLEGAR A UN LUGAR

- Si lo que queremos es preguntar cómo llegar a un lugar, lo haremos diciendo:

How can I get/go to....?
¿Cómo puedo llegar a...? /
¿Cómo se va a .....?

How can I get to the stadium?
¿Cómo puedo llegar al estadio?

How can she go to the museum?
¿Cómo puede ir ella al museo?

EXERCISE: 1.- Elegir la opción correcta para completar la frase. "My apartment is .... the supermarket."

a) next b) far c) near

Soluciones: 1.- c.

LECCIÓN 44

ESTAMOS BAJO CERO

DIALOGUE

Barbara:	It's below zero! It's freezing cold and we're wearing a lot of clothes. Do you know how many layers?	*Barbara:*	*¡Estamos bajo cero! Hace muchísimo frío y llevamos mucha ropa. ¿Saben cuántas prendas?*
Leo:	Let me think. We're wearing, at least, six layers each of us and we are three.... six times three is....eighteen.	*Leo:*	*Déjame pensar. Llevamos, al menos, seis prendas cada uno y somos tres ... seis por tres ... dieciocho.*

EL NÚMERO "0"

- El número "0" puede decirse de distintas maneras, según el contexto donde aparezca. Así:

a) **zero** (pronúnciese /zírou/) se utiliza en términos matemáticos, técnicos o científicos, así como para decir la temperatura.

The temperature is 0°C (**zero** degrees Celsius). *La temperatura es 0°C.*

b) **oh** (pronúnciese /ou/) se usa al hablar de horas, direcciones, habitaciones de hotel, etc.

It's 7:05 (seven **oh** five). *Son las siete y cinco.*

You are in room 205 (two **oh** five). *Usted está en la habitación 205.*

c) tanto "**zero**" como "**oh**" se usan para decir números telefónicos:

My phone number is 748 93021 (seven-four-eight-nine-three- **zero/oh**-two-one)

d) El número "0" también puede usarse en resultados deportivos, en cuyo caso, dependiendo del deporte, tiene diversas denominaciones, como "love", "nil" o "duck".

OPERACIONES MATEMÁTICAS

- **Addition** (suma): 3 + 2 = 5 (three plus two equals five)
- **Subtraction** (resta): 5 - 3 = 2 (five minus three equals two)
- **Multiplication** (multiplicación): 2 x 3 = 6 (two times three equals six)
- **Division** (división): 6 : 2 = 3 (six divided by two equals three)

EXERCISE: 1.- ¿Cuál es el resultado de la siguiente operación matemática?

Three times four, minus eight, plus twenty-one equals ....

a) thirty-seven b) twenty-five c) thirty-one

Soluciones: 1.- b.

LECCIÓN 45

SIEMPRE VOY CAMINANDO AL TRABAJO

DIALOGUE

Steve: Linda, what means of transport do you use to go to work?

Linda: I usually take the bus, but sometimes I go by car. What about you?

Steve: Well, the office I work in is very near my house, so I always go on foot.

Steve: Linda, ¿qué medio de transporte usas para ir al trabajo?

Linda: Normalmente tomo el autobús, pero a veces voy en auto. ¿Y tú?

Steve: Bueno, la oficina en la que trabajo está muy cerca de mi casa, por eso siempre voy a pie.

LOS MEDIOS DE TRANSPORTE

- Los principales medios de transporte son:

car	*auto*	**taxi / cab**	*taxi*
bus	*autobús*	**train**	*tren*
subway	*metro*	**plane**	*avión*
van	*furgoneta*	**truck**	*camion*
boat	*barco*	**bicycle**	*bicicleta*
motorbike	*motocicleta*	**helicopter**	*helicóptero*

- Para expresar el medio de transporte que utilizamos hacemos uso de **"by"** *(en)*.

She goes to school **by** bus.
Ella va a la escuela en autobús.

They come back home **by** car.
Ellos vuelven a casa en auto.

NIVEL INTERMEDIO

- Cuando una persona se encuentra en un auto, decimos que está **"in a car"**; en cambio, si se encuentra en un autobús, tren o avión, está **"on a bus/train/plane"**.
- Si nos referimos al transporte "*a pie*" o "*andando*" se usa **"on foot"**:

I can go to your house **on foot**.
Yo puedo ir a tu casa a pie.

EXERCISE: 1.- Completa las oraciones con la opción correcta.

a) Where are the children? They are already .... the train. (in / by / on)

b) She went to the theater .... foot. (by / on / in)

c) I always go to Los Angeles .... plane. (on / by / in)

Soluciones: 1.- a) on; b) on; c) by.

LECCIÓN 46
¡NO LO VUELVAS A HACER!

DIALOGUE

Ralph: Sit down and listen to me, Jade!

Jade: What's the matter, dad?

Ralph: I told you not to use my cell phone to take pictures and I've found some. What do you have to say about that?

Jade: I'm so sorry, dad.

Ralph: Please, Jade, don't do it again!

Ralph: ¡Siéntate y escúchame, Jade!

Jade: ¿Qué pasa, papá?

Ralph: Te dije que no usaras mi celular para tomar fotos y he encontrado algunas. ¿Qué puedes decir sobre eso?

Jade: Lo siento mucho, papá.

Ralph: Por favor, Jade, ¡no lo vuelvas a hacer!

EXPRESAR ÓRDENES

- Para expresar órdenes solo usamos el infinitivo del verbo.

Open the door! *¡Abre la puerta!*

Shut up! *¡Cállate!*

Shake well before use. *Agitar bien antes de usar.*

- Cuando se quiera dar una orden o instrucción negativa, hay que colocar **"don't"** delante del infinitivo:

Don't open the door! *¡No abras la puerta!*

Don't phone before six. *No llames antes de las seis.*

- Podemos usar el imperativo para dar instrucciones:

Take two tablets a day.
Tómese dos pastillas al día.

También para realizar una invitación:

Come in and **sit** down.
Pasa y siéntate.

En señales y avisos:

Push *Empuje*

Do not enter *No pase*

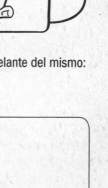

- El imperativo puede resultar "más cortés" añadiendo "do" delante del mismo:

Do come. *Vengan.*

EXERCISE: 1.- Elige el verbo correcto en cada caso.

a) .... a minute. (Close / Wait / Give / Ask)

b) .... over here. (Come / Tell / Finish / Stand)

c) .... me your phone number. (Say / Give / Phone / Speak)

Soluciones: 1.- a) Wait; b) Come; c) Give.

LECCIÓN 47

¿CÓMO PUEDO IR ALLÍ?

DIALOGUE

Michael: How can I get to the nearest supermarket?

Natalie: Go up this street to the traffic circle, then turn right and walk up to the post office. There, turn left and continue straight on. Take the second right, and the supermarket is on the corner. You can't miss it.

Michael: Thank you very much.

Michael: ¿Cómo puedo ir al supermercado más cercano?

Natalie: Siga esta calle hasta la rotonda, gire a la derecha y suba hasta la oficina de correos. Allí, gire a la izquierda y continúe recto. Tome la segunda a la derecha y el supermercado está en la esquina. No tiene pérdida.

Michael: Muchas gracias.

INDICAR DIRECCIONES

- Cuando se indica cómo llegar a un lugar, se suelen utilizar las siguientes expresiones:

To **go along** the street
seguir la calle

To **go straight ahead / on**
seguir adelante / derecho

To **cross** the street
cruzar la calle

To **go / walk (up) to ....**
ir hasta ...

To **turn right / left**
doblar a la derecha / izquierda

To **take the second right / left**
tomar la segunda calle a la derecha / izquierda

- Las indicaciones se usan en imperativo:

  Go straight ahead, take the second right, cross the street, turn left, go up to the square and there is the library.
  Siga adelante, tome la segunda calle a la derecha, cruce la calle, doble a la izquierda, vaya hasta la plaza y allí está la biblioteca.

EXERCISE: 1.- Completar los espacios con las siguientes palabras: on, excuse, left, ahead, left, get, second.

- ....(1) me, how can I ....(2) to the museum?

- Go ....(3), turn ....(4) at the corner, then take the

........................(5) road on your ....(6) . The museum is there,

........................(7) the right.

Soluciones: 1.- Excuse; 2.- get; 3.- ahead; 4.- left; 5.- second; 6.- left; 7.- on.

LECCIÓN 48
¿SABES DÓNDE VIVO?

DIALOGUE

Neil: Peter, tomorrow I have to go near your house in the afternoon. If you are there we could meet.

Peter: Do you know where I live?

Neil: Not exactly, but I know the area.

Peter: I live at 22 Dawson Street. It's just across from the mall.

Neil: Peter, mañana tengo que ir cerca de tu casa por la tarde. Si estás allí, podríamos vernos.

Peter: ¿Sabes dónde vivo?

Neil: No exactamente, pero sé la zona.

Peter: Vivo en la calle Dawson, número 22. Está justo enfrente del centro comercial.

EXPRESIONES DE LUGAR

- Estas expresiones se utilizan para describir la ubicación de un lugar. Entre ellas están:

near	*cerca*	**far (from)**	*lejos (de)*
next to	*junto a, al lado de*	**across from**	*enfrente de*
behind	*detrás de*	**in front of**	*delante de*
between	*entre (dos)*		

The bank is **between** the bakery and the school.
El banco está entre la panadería y la escuela.

There's a gym **across from** the supermarket.
Hay un gimnasio enfrente del supermercado.

My house is **next to** the florist's.
Mi casa está junto a la floristería.

Her car is **near** the church.
Su auto está cerca de la iglesia.

I live **far from** you.
Yo vivo lejos de ti.

- Para referirse a una calle se usa la preposición **"on"**:

The shopping mall is **on** Oak street. *El centro comercial está en la calle Oak.*

- Pero si es una dirección, es decir, calle y número, se usa **"at"**:

Her house is **at** 56 Madison Avenue. *Su casa está en la avenida Madison, nº 56.*

EXERCISE: 1.- Elegir la opción correcta para completar la frase.
"The bank is .... 78 Swan Street.
a) in b) at c) on

Soluciones: 1.- b.

LECCIÓN 49

POR FAVOR, LLÁMEME MIKE

DIALOGUE

Sally: Good afternoon, Mr. Benson!

Mike: Please, call me Mike.

Sally: Alright then, Mike. Are you enjoying your stay in the city?

Mike: Yes, thank you. Yesterday, after the meeting, I went for a walk and had dinner in a really nice place next to the river.

Sally: ¡Buenas tardes, Sr. Benson!

Mike: Por favor, llámeme Mike.

Sally: De acuerdo, Mike. ¿Está disfrutando su estancia en la ciudad?

Mike: Sí, gracias.Ayer, después de la reunión, fui a dar un paseo y cené en un lugar muy bonito junto al río.

LLAMAR POR EL NOMBRE

- Cuando queramos que alguien nos llame por nuestro nombre, o por cualquier apelativo, podemos utilizar cualquiera de las expresiones siguientes:

My name is James but **please, call me** Jimmy.
Mi nombre es James, pero, por favor, llámame Jimmy.

My name is Thomas but **you can call me** Tom.
Mi nombre es Thomas, pero me puedes llamar Tom.

My name is Richard but **just call me** Dick.
Mi nombre es Richard, pero llámame Dick.

My name is Joseph but **everybody calls me** Joe.
Me llamo Joseph, pero todos me llaman Joe.

NIVEL INTERMEDIO

- Por lo que se refiere a los apodos, podemos encontrar expresiones como estas:

  Do you have a nickname? No, I don't.
  ¿Tienes algún apodo? No.

  They **nicknamed** him "the King" because of his delusions of grandeur.
  Lo apodaban "el Rey" por sus delirios de grandeza.

EXERCISE: 1.- ¿Puedes relacionar los nombres con los apelativos?

a) John	1) Ronnie
b) Veronica	2) Ted
c) Elizabeth	3) Jack
d) Edward	4) Bess

Soluciones: 1.- a) 3; b) 1; c) 4; d) 2.

LECCIÓN 50
TIENE RAZÓN

DIALOGUE

Katie: You went out for dinner yesterday evening, didn't you?

Marcus: That's right.

Katie: Did you like the restaurant?

Marcus: Yes, I did, but it is very expensive.

Katie: You're right. Downtown is very expensive for going out.

Katie: Usted salió a cenar anoche, ¿verdad?

Marcus: Así es.

Katie: ¿Le gustó el restaurante?

Marcus: Sí, me gustó, pero es muy caro.

Katie: Tiene razón. El centro de la ciudad es muy caro para salir.

LA PALABRA "RIGHT"

- La palabra **"right"** se puede utilizar en diferentes expresiones. A continuación veremos algunas de ellas:

- **"Alright"** se utiliza para mostrar acuerdo. Equivale a *"está bien"*, *"de acuerdo"*.

  - Is she British? — *- ¿Es ella británica?*

  - No, she is American. — *- No, es americana.*

  - Ah! **Alright**. — *- ¡Ah! De acuerdo.*

- **"That's right"** se usa para confirmar algo que se ha dicho. Equivale a *"así es"*, *"eso es"*.

  - So you live in Florida. — *- Así que vives en Florida.*

  - Yes, **that's right!** — *- Sí, así es.*

- **"Right here"** equivale a *"aquí mismo"*, al igual que **"right there"** a *"allí mismo"*.

  Leave this package **right here**.
  Deja este paquete aquí mismo.

  You can buy the newspaper **right there.**
  Puedes comprar el periódico allí mismo.

- **"Right now"** significa *"ahora mismo"*.

  I'm studying English **right now**.
  Ahora mismo estoy estudiando inglés.

- **"To be right"** (I'm right, you're right, he's right....) significa *"tener razón"*.

  - Barbara looks like Annie. — *- Bárbara se parece a Annie.*

  - Yes, **you're right**. — *- Sí, tienes razón.*

EXERCISE: 1.- Relaciona las mitades de frases.

a) You can do it	1) right there.
b) I left my glasses	2) right now.
c) I am sure she	3) is right.

Soluciones: 1.- a) 2; b) 1; c) 3.

NIVEL INTERMEDIO

LECCIÓN 51

QUIERO UNA BOTELLA DE VINO

DIALOGUE

Assistant:	Good morning, sir. How can I help you?	*Asistente:*	*Buenos días, señor. ¿En qué puedo ayudarle?*
John:	I'd like a bottle of wine, please.	*John:*	*Quiero una botella de vino, por favor.*
Assistant:	Here you are. Is there anything else you need?	*Asistente:*	*Aquí tiene. ¿Necesita algo más?*
John:	No, thanks.	*John:*	*No, gracias.*
Assistant:	That's twelve dollars.	*Asistente:*	*Son doce dólares.*
John:	There you are.	*John:*	*Aquí tiene.*
Assistant:	Thank you. Bye.	*Asistente:*	*Gracias. Adiós.*

FORMAS DE PRESENTAR PRODUCTOS

- Muchos productos, como los alimentos, se suelen presentar con distintos tipos de envase o contenedor, o bien en ciertas cantidades. Así:

a bag of potatoes	*una bolsa (funda) de patatas*
a bottle of wine	*una botella de vino*
a box of cereal	*una caja de cereales*
a bunch of grapes	*un racimo de uvas*
a can of coke	*una lata de cola*
a carton of milk	*un cartón de leche*
a dozen eggs*	*una docena de huevos*
a jar of jam	*un bote de mermelada*
a loaf of bread	*una pieza de pan*
a piece of cheese	*un trozo (porción) de queso*
a six-pack of beer	*un pack de seis cervezas*

* En esta expresión no se usa la preposición **"of"**.

We need to buy **a carton of** orange juice, **a bunch of** bananas, **two cans of** beer, **a dozen** eggs and **a loaf of** bread for the dinner.
Necesitamos comprar un cartón de jugo de naranja, un racimo de plátanos, dos latas de cerveza, una docena de huevos y una pieza de pan para la cena.

EXERCISE: 1.- Relacionar las palabras con sus pares.

a) A can of — 1) cheese

b) A bunch of — 2) beer

c) A piece of — 3) grapes

Soluciones: 1.- a) 2; b) 3; c)1.

LECCIÓN 52
TENGO MUCHA SED

DIALOGUE

Clerk: Hello! How can I help you?

Jack: I want a cold drink. I'm very thirsty.

Clerk: And what drink would you like? Water? Soda?

Jack: Water is fine.

Clerk: And healthier.

Jack: Yes, you're right.

Vendedor: ¡Hola! ¿En qué puedo ayudarle?

Jack: Quiero una bebida fría. Tengo mucha sed.

Vendedor: ¿Y qué bebida quiere? ¿Agua? ¿Refresco?

Jack: Agua ya está bien.

Vendedor: Y es más saludable.

Jack: Sí, tiene razón.

PEDIR UN PRODUCTO EN UNA TIENDA

- Cuando pedimos un producto en una tienda podemos utilizar diversas fórmulas:

Formal:	**I'd like to have / take ....**	*Me gustaría llevarme .....*
Neutra:	**I'll take ....**	*Me llevaré....*
Coloquial:	**I want .....**	*Quiero....*

Good morning! **I'll take** a box of cereal and a bottle of milk.
¡Buenos días! Me llevaré una caja de cereales y una botella de leche.

CUANDO EL VERBO "TO BE" SIGNIFICA "TENER"

- Además de equivaler a "ser" y "estar", el verbo "to be" también puede corresponderse con el verbo "tener" en algunas expresiones, como:

to be 20 years old	*tener 20 años*
to be lucky	*tener suerte (ser afortunado)*
to be hungry	*tener hambre*
to be thirsty	*tener sed*
to be sleepy	*tener sueño*
to be hot	*tener calor*
to be cold	*tener frío*
to be right	*tener razón*
to be careful	*tener cuidado*
to be afraid	*tener miedo*

EXERCISE: 1.- Relacionar las partes que conforman frases.

a)	Although it's 9:00 p.m.	1) I am in a hurry.
b)	I can't stop now because	2) I am afraid of the dark.
c)	Can you stay with me?	3) I am sleepy.

Soluciones: 1.- a) 3; b) 1; c) 2.

LECCIÓN 53

TENDRÉ CUIDADO

DIALOGUE

Rose: Claire! I can't with these bags.

Claire: I'll take them.

Rose: Be careful! One of them has eggs inside.

Claire: Don't worry, I'll be careful. Where are you going tonight in that dress?

Rose: I have a date with a friend.

Claire: Okay, but don't stay out too late. It's cold outside.

Rose: Don't worry, I'll be back soon. Bye!

Rose: ¡Claire! No puedo con estas bolsas.

Claire: Yo las cojo.

Rose: Ten cuidado, una de ellas tiene huevos dentro.

Claire: No te preocupes, tendré cuidado. ¿Dónde vas esta noche con ese vestido?

Rose: Tengo una cita con un amigo.

Claire: De acuerdo, pero no vengas demasiado tarde. Hace frío fuera.

Rose: No te preocupes, volveré pronto. ¡Adiós!

NIVEL INTERMEDIO

EXPRESAR DECISIONES ESPONTÁNEAS

- Cuando alguien toma una decisión de manera espontánea expresa la idea con "**will**", habitualmente de forma contraída con el sujeto. La contracción es "**'ll**".

(The doorbell is ringing)
I'll open the door.
(Suena el timbre)
Abriré la puerta.

- John, there aren't any potatoes.
- *John, no hay papas.*

- Ok. **I'll** buy some.
- *Bueno, compraré algunas.*

- Peter, it's raining!
- *Peter, está lloviendo.*

- Don't worry. **We'll** take the umbrella.
- *No te preocupes. Llevaremos el paraguas.*

- El uso de **"will"** en decisiones espontáneas contrasta con **"be going to"**, que se usa para acciones ya premeditadas o planeadas, o bien cuando hay evidencia de que van a suceder.

EXERCISE: 1.- Completar con la opción correcta en cada caso.

a) I have a terrible headache.

Okay, I .... you an aspirin. ('ll get/am going to get)

b) Watch out! The baby .... (will fall/is going to fall)

c) What .... when you finish university? (will you do/are you going to do)

Soluciones: 1.- a) 'll get; 2) is going to fall; 3) are you going to do.

LECCIÓN 54
¿QUÉ TAL SI VAMOS A LA PLAYA?

DIALOGUE

Anthony: How about going to the beach?	*Anthony: ¿Qué tal si vamos a la playa?*
Jasmine: Okay. And how about Charlie?	*Jasmine: De acuerdo. ¿Y Charlie?*
Anthony: He can´t make it. He's with his new girlfriend.	*Anthony: No puede venir. Está con su nueva novia.*
Jasmine: A new girlfriend? How old is she?	*Jasmine: ¿Una nueva novia? ¿Cuántos años tiene?*
Anthony: She's twenty years old.	*Anthony: Tiene veinte años.*
Jasmine: How young!	*Jasmine: ¡Qué joven!*

USOS DE "HOW"

- Para hacer proposiciones u ofrecimientos se utiliza **"how about...?"** *(¿Qué te parece...?/¿Qué tal si...?)*:

  "How about" puede ir seguido de:

  a) Un verbo. En este caso, el verbo será un gerundio (infinitivo + ing).

  How about going to the movies? — *¿Qué tal si vamos al cine?*

  b) Un nombre o un pronombre. En estos casos, la equivalencia en español puede ser también *¿Y...?/ ¿Qué tal...?*

  How about Jack? — *¿Qué tal Jack? / ¿Y Jack?*

- "How" también se usa formando expresiones con adjetivos:

  How nice! *¡Que bonito!*

  How interesting! *¡Qué interesante!*

  How expensive! *¡Qué caro!*

  How terrible! *¡Qué mal! / ¡Qué terrible!*

  - This is my new car. — *- Este es mi auto nuevo.*

  - **How nice!** — *- ¡Qué bonito!*

- **"How"** también va delante de un adjetivo cuando preguntamos por las características de algo o alguien:

  How tall is your sister? — *¿Cuánto mide tu hermana?*

  How far is the library? — *¿A qué distancia está la biblioteca?*

EXERCISE: 1.- Completar con la opción correcta.

a) How .... is the river? (wide / tall / cheap)

b) How .... this new cell phone? (expensive / about / good)

c) How .... is the bank? (about / expensive / far)

Soluciones: 1.- a) wide; b) about; c) far.

NIVEL INTERMEDIO

LECCIÓN 55

VIVE ALLÍ, EN EL SEGUNDO PISO

DIALOGUE

Charles: Where does Silvia live?

Caroline: She lives up there, on the second floor.

Charles: I think her birthday is this week.

Caroline: Yes, it's on November 23rd.

Charles: Are you going to buy her a gift?

Caroline: This bag is actually the fourth gift I have for her!

Charles: ¿Donde vive Silvia?

Caroline: Vive allí, en el segundo piso.

Charles: Creo que su cumpleaños es esta semana.

Caroline: Sí, es el 23 de noviembre.

Charles: ¿Vas a comprarle algún regalo?

Caroline: ¡Esta bolsa es de hecho el cuarto regalo que tengo para ella!

LOS NÚMEROS ORDINALES

1º primero	1st fir**st**
2º segundo	2nd seco**nd**
3º tercero	3rd thi**rd**
4º cuarto	4th four**th**
5º quinto	5th fif**th**
12º duodécimo	12th twelf**th**
15º decimoquinto	15th fifteen**th**
20º vigésimo	20th twentie**th**

- En números compuestos por decena y unidad, sólo cambia a ordinal la unidad:

21**st** - twenty-fir**st**

32**nd** - thirty-seco**nd**

63**rd** - sixty-thi**rd**

85**th** - eighty-fif**th**

- Los números ordinales se usan para indicar el orden en que sucede algo o la ubicación de las cosas:

This is my **second** flight to New York.
Este es mi segundo vuelo a Nueva York.

Today is her **74th** birthday.
Hoy es su 74º aniversario.

Take the **first** right and go straight.
Doble la primera (calle) a la derecha y siga recto.

My aunt lives on the **ninth** floor.
Mi tía vive en el noveno piso.

- También se usan para decir las fechas.

Her birthday is on November **21st**.
Su cumpleaños es el 21 de noviembre.

EXERCISE: 1.- Usa el número entre paréntesis para completar las frases.

a) May is the .... month in the year. (5)

b) Our apartment is on the .... floor. (8)

c) This composer wrote his music in the .... century. (19)

Soluciones: 1.- a) fifth; b) eighth; c) nineteenth.

NIVEL INTERMEDIO

LECCIÓN 56
¿PUEDE DARNOS LAS LLAVES?

DIALOGUE

Rose: Martin, will you help me to decide on furnishings for our new home?

Rose: Martin, ¿me ayudarás a decidir los muebles para nuestra nueva casa?

Martin: Of course, dear. Sorry, sir, where should I sign?

Martin: Claro, cariño. Discúlpeme, señor, ¿dónde debo firmar?

Realtor: Here, please. Welcome to your new home.

Rose: Thank you very much, but ... would you give us the keys?

Realtor: Here you are. But you still need to sign a few more papers.

Agente inmobiliario: Aquí, por favor. Bienvenidos a su nueva casa.

Rose: Muchas gracias, pero ... ¿nos puede dar las llaves?

Agente inmobiliario: Aquí tiene. Pero todavía tiene que firmar algunos documentos más.

EXPRESAR PETICIONES (II)

- Además de con "can" y "could", también podemos realizar peticiones por medio de los auxiliares **"will"** y **"would"**.

  "Will" se usa para peticiones informales y **"would"** para aquellas que requieren una mayor formalidad.

Will you open the door, please?
¿Puedes abrir la puerta, por favor?

Will you do me a favor?
¿Puedes hacerme un favor?

Will you pick up the children, please?
¿Puedes recoger a los niños?

Would you close the window, please?
¿Podría cerrar la ventana, por favor?

Would you sign here?
¿Podría firmar aquí?

Would you help me, please?
¿Podría ayudarme, por favor?

EXERCISE: 1.- Completar las oraciones con la opción correcta.

A: .... you show me how to use this computer software?

B: .... How can I help?

a) Will / I be glad to b) Would / I would happy to c) Can / I'd be glad to

Soluciones: 1.- c.

LECCIÓN 57

¿CON QUIÉN?

DIALOGUE

Roxanne: Where are you from?	*Roxanne: ¿De dónde eres?*
Louise: I'm from New York, but I live in San Francisco.	*Louise: Soy de Nueva York, pero vivo en San Francisco.*
Roxanne: Who with?	*Roxanne: ¿Con quién?*
Louise: With my friends.	*Louise: Con mis amigos.*
Roxanne: That's nice! So, what are you here for?	*Roxanne: ¡Qué bien! Entonces, ¿por qué estás aquí?*
Louise: I'm here for my job, but I have to go back on Sunday.	*Louise: Estoy aquí por mi trabajo, pero tengo que volver el domingo.*
Roxanne: That's a shame!	*Roxanne: ¡Qué lástima!*

PREGUNTAS CON PREPOSICIÓN AL FINAL

- En español, muchas preguntas comienzan con una preposición, que va delante del pronombre interrogativo, como "¿**De** dónde eres?", "¿**Con** quién vives?" o "¿**Para** qué?"

  En inglés, estas preguntas comienzan con el pronombre interrogativo (what, where, who, etc.) y la preposición se coloca al final de la frase, y no al principio. Así:

Where are you **from**?	*¿De dónde eres?*
Who do you live **with**?	*¿Con quién vives?*
What do you need it **for**?	*¿Para qué lo necesitas?*
Who is this gift **for**?	*¿Para quién es este regalo?*

NIVEL INTERMEDIO

- De manera corta también se pueden realizar preguntas. En ese caso, solo usamos el pronombre interrogativo y la preposición:

Where **from**?	*¿De dónde?*
Who **with**?	*¿Con quién?*
What **for**?	*¿Para qué?*
Who **for**?	*¿Para quién?*

- Esas mismas preposiciones se repetirán en la respuesta:

Where are you **from**? I'm **from** Venezuela.
¿De dónde eres? Soy de Venezuela.

Who do you live **with**? I live **with** my parents.
¿Con quién vives? Vivo con mis padres.

EXERCISE: 1.- Relacionar las distintas partes de las oraciones.

a) Who will you send this letter	1) about?
b) What are they talking	2) at?
c) What are you looking	3) to?

Soluciones: 1.- a) 3; b) 1; c) 2.

LECCIÓN 58
¿QUÉ MARCA ES ESTA COMPUTADORA?

DIALOGUE

Michael: Which make is this computer, Gordon?	*Michael: ¿Qué marca es esta computadora, Gordon?*
Gordon: It's a Sony 3000.	*Gordon: Es una Sony 3000.*
Michael: Is it any good?	*Michael: ¿Es buena?*
Gordon: I can assure you it's one of the best on the market.	*Gordon: Te puedo asegurar que es una de las mejores del mercado.*

Michael: How much is it? — *Michael: ¿Cuánto vale?*

Gordon: Two thousand dollars. — *Gordon: Dos mil dólares.*

Michael: That's over my budget. — *Michael: Se escapa de mi presupuesto.*

PREGUNTAR POR MARCAS Y MODELOS

- Para preguntar por la marca de un producto, como puede ser el automóvil, decimos:

  What make is it?
  ¿Qué marca es?

  What make is the car? It's a Ford.
  ¿Qué marca es el coche? Es un Ford.

- Para preguntar por el modelo:

  What model is it? It's a 2012 Focus.
  ¿Qué modelo es? Es un Focus de 2012.

NÚMEROS DE 100 A MILLONES

- Las palabras **"hundred"** *(cien)*, **"thousand"** *(mil)* y **"million"** *(millón)* no tiene forma de plural cuando van precedidas por un cualquier número.

100	a / one hundred
243	two hundred forty-three
1,000	a / one thousand
1,032	a / one thousand thirty-two
2,000	two thousand
2, 400	two thousand four hundred
3,000	three thousand
11,000	eleven thousand

NIVEL INTERMEDIO

38, 000	thirty-eight thousand
57, 925	fifty seven thousand nine hundred twenty-five
100,000	a / one hundred thousand
200,000	two hundred thousand
683,701	six hundred eighty-three thousand seven hundred one
1,000,000	a / one million
43,000,000	forty-three million
256,000,000	two hundred fifty-six million

EXERCISE: 1.- Elegir la respuesta que corresponda al número. 47,964,212.

a) forty seven millions nine hundred sixty-four thousand two hundred twelve

b) forty seven million nine hundred sixty-four thousands two hundred twelve

c) forty seven million nine hundred sixty-four thousand two hundred twelve

Soluciones: 1.- c.

LECCIÓN 59
ME ESTOY HACIENDO MAYOR

DIALOGUE

Chloe: I think that I'm taller than you.	*Chloe: Creo que soy más alta que tú.*
Rachel: Your heels are higher than mine, that's all.	*Rachel: Tus tacos son más altos que los míos, solo es eso.*
Chloe: Oh, sorry, you're right.	*Chloe: Oh, lo siento, tienes razón.*
Rachel: You are as tall as Dave.	*Rachel: Eres tan alta como Dave.*
Dave: That's just because I'm getting older. I used to be taller than her! (laughs)	*Dave: Eso es porque me estoy haciendo mayor. Yo era más alto que ella. (risas)*

COMPARACIONES DE SUPERIORIDAD

- Para formar **comparativos de superioridad** con adjetivos o adverbios de una sílaba debes agregar "**-er**" o "**-er +than**":

old *(viejo)*: **older** *(más viejo)* / **older than** *(más viejo que).*

This car is **older.** *Este auto es más antiguo.*

This car is **older than** yours. *Este auto es más antiguo que el tuyo.*

- Si el adjetivo o adverbio tiene tres sílabas o más debes usar "**more**" o "**more +than**":

expensive *(caro)*: **more expensive** *(más caro)* / **more expensive than** *(más caro que).*

This model is **more expensive.** *Este modelo es más caro.*

This model is **more expensive than** that one. *Este modelo es más caro que aquel.*

- Aquellos adjetivos con dos sílabas acabados en "-y" forman este comparativo como los de una sílaba. Así:
happy *(contento)*: **happier** *(más contento)* / **happier than** *(más contento que)*

Tom is **happier** now. *Tom está más contento ahora.*

I am **happier than** yesterday. *Yo estoy más contento que ayer.*

EXERCISE: 1.- Elige la oración con la forma de comparativo correcta.

Pamela is very pretty. Betty is ugly.

a) Pamela is more pretty than Betty.

b) Pamela is prettier than Betty.

c) Pamela is as pretty as Betty.

Soluciones: 1.- b.

NIVEL INTERMEDIO

LECCIÓN 60
NO ES TAN DIFÍCIL COMO PARECE

DIALOGUE

Harry: You could be as smart as your brother if you worked harder.	*Harry: Podrías ser tan lista como tu hermano si trabajaras más.*
Emma: Yes you're right, but I need time to study.	*Emma: Sí, tienes razón, pero necesito tiempo para estudiar.*
Harry: But you need to pass this test for tomorrow.	*Harry: Pero necesitas aprobar este examen mañana.*
Emma: I'll try, but I can't work any harder than this. And the test isn't as hard as it looks.	*Emma: Lo intentaré, pero no puedo trabajar más. Y el examen no es tan difícil como parece.*
Harry: That's good to hear!	*Harry: Es bueno escuchar eso.*

COMPARACIONES DE IGUALDAD

- Para comparar objetos o personas de manera igualitaria usamos:

as + adjetivo + as — *tan + adjetivo + como*

La fórmula es siempre la misma, bien se usen adjetivos de muchas sílabas o de pocas.

I am as tall as you.	*Soy tan alto como tú.*
She is as mean as her mother.	*Es tan tacaña como su madre.*
He is as intelligent as his sister.	*Él es tan inteligente como su hermana.*

- En frases negativas: **not as + adjetivo +as**

My car isn't as expensive as this one.	*Mi auto no es tan caro como éste.*
They aren't as young as we are.	*Ellos no son tan jóvenes como nosotros.*

- En estas oraciones el primer "as" puede sustituirse por "so":

  My computer isn't **as** good as this one = My computer isn't **so** good as this one
  Mi computadora no es tan buena como ésta.

EXERCISE: 1.- Elige la oración con la forma de comparativo correcta.

Peter is 1.80 meters tall. Greg is 1.80 meters tall.

a) Peter is as tall than Greg. b) Peter is as taller as Greg. c) Peter is as tall as Greg.

Soluciones: 1.- c.

LECCIÓN 61
DEBERÍA TENER MENOS PÁGINAS

DIALOGUE

Ray: I'm less interested in this book than you.	*Ray: Estoy menos interesado en el libro que tú.*
Gloria: That's because you have only read ten pages.	*Gloria: Eso es porque has leído solo diez páginas.*
Ray: It should be shorter.	*Ray: Debería ser más corto.*
Gloria: With fewer pages it wouldn't be the same. You have to read it all. The test is tomorrow.	*Gloria: Con menos páginas no sería lo mismo. Tienes que leerlo entero. El examen es mañana.*

NIVEL INTERMEDIO

COMPARACIONES DE INFERIORIDAD

- Para decir que una cosa o persona posee menos características que otra, usamos la fórmula

  less + adjetivo + (than) *(menos + adjetivo + [que])*

  The film is **less interesting than** the book.
  La película es menos interesante que el libro.

  Robert is **less friendly than** his brothers.
  Robert es menos simpático que sus hermanos.

- También podemos usar sustantivos, pero en este caso:

less + nombre incontable

fewer + nombre contable

You should eat **less salt**. *Deberías comer menos sal.*

Now that he works, he has **less spare time**.
Ahora que trabaja, tiene menos tiempo libre.

There were **fewer people** at the bank this morning.
Hay menos gente en el banco esta mañana.

This year **fewer foreigners** have arrived in our country.
Este año han llegado al país menos extranjeros.

EXERCISE: 1.- Completar los espacios con "less" o "fewer", según corresponda.

a) Our team has won .... games this year.

b) .... emails were received.

c) I paid .... money for my ticket.

Soluciones: 1.- a) fewer; b) Fewer; c) less.

LECCIÓN 62
TIENES QUE TENER CUIDADO CON LOS PEATONES

DIALOGUE

Instructor: This traffic sign means 'no right turn', so you must turn left.

Alice: Do I have to stay in the same lane?

Instructor: Esta señal de tráfico significa "prohibido girar a la derecha", así que tienes que girar a la izquierda.

Alice: ¿Debo permanecer en el mismo carril?

Instructor: Yes, because the other lane is only for buses.

Alice: Okay, I see.

Instructor: Stop at the traffic light. There's a crosswalk there. You must be careful with the pedestrians.

Alice: Okay.

(To be continued)

Instructor: Sí, porque el otro carril es solo para autobuses.

Alice: Muy bien. Entiendo.

Instructor: Detente en el semáforo. Hay un paso de cebra allí. Tienes que tener cuidado con los peatones.

Alice: De acuerdo.

(Continuará)

EXPRESAR OBLIGACIÓN (II)

- Además de **"have to"** *(tener que)*, podemos expresar obligación con el verbo **"must"** *(deber, tener que).*

- **"Must"** se utiliza para expresar que algo es necesario u obligatorio, sobre todo al tratarse de leyes, reglas o señales y siempre va seguido de un infinitivo.

You **must** fill out this form. *Usted debe (tiene que) rellenar esta solicitud.*

She **must** pay the fine. *Ella debe (tiene que) pagar la multa.*

- También se usa cuando el que habla tiene cierta "autoridad" sobre el oyente:

You **must** stop smoking.
Usted tiene que dejar de fumar.
(El médico al paciente)

You **must** do these exercises.
Tienes que hacer estos ejercicios.
(El profesor al alumno)

EXERCISE: 1.- Usar "must" o "have to" según corresponda.

a) Un compañero a otro: You .... buy a new computer.

b) Un padre a su hijo: You .... get home early.

c) Un jefe a un empleado: You .... photocopy those documents.

Soluciones: 1.- a) have to; b) must; c) must.

LECCIÓN 63

NO TE PUEDES DETENER AQUÍ

DIALOGUE

Instructor:	Now turn left onto the freeway. Be careful: the speed limit is sixty miles per hour. You mustn't drive too fast or you might get a ticket.	*Instructor:*	*Ahora gira a la izquierda para la autopista. Ten cuidado: el límite de velocidad es de sesenta millas por hora. No puedes conducir demasiado rápido o te pueden multar.*
Alice:	Yes, it's on the freeway where I must be most careful.	*Alice:*	*Sí, en la autopista es donde tengo que tener más cuidado.*
Instructor:	Yes, the cars drive very fast here. You can't stop, unless your car breaks down.	*Instructor:*	*Sí, los autos van muy deprisa aquí. No te puedes detener, a menos que tengas una avería.*
Alice:	Okay.	*Alice:*	*De acuerdo.*

EXPRESAR PROHIBICIÓN

- Para decir que algo está prohibido, que no se puede hacer porque no está permitido, se usan **"mustn't"** o **"can't"**.

You **mustn't** smoke in this area.	*No pueden fumar en esta zona.*
They **mustn't** be late for class.	*Ellos no pueden llegar tarde a clase.*
You **mustn't** drive drunk.	*No puedes conducir bebido.*
You **mustn't** use your phone in class.	*No pueden usar su celular en clase.*
You **can't** speak loud in a hospital.	*No pueden hablar alto en un hospital.*

You **can't** drive in this country unless you are over eighteen.
No se puede conducir en este país si no tienes más de dieciocho años.

You **can't** go into that restaurant without a tie.
No puedes entrar en ese restaurante sin corbata.

EXERCISE: 1.- Elegir la opción correcta para completar los espacios.

a) You .... come to the meeting, but it would help us if you are there. (mustn't / can't/ don't have to)

b) You .... come to this area. It's restricted to staff only. (can't / don't have to / have to)

c) I can't get a connection on my phone. .... I borrow yours (Do I have to / Must / Can)

<u>**Soluciones:**</u> 1.- a) don't have to; b) can't; c) Can.

LECCIÓN 64
ÉL ES EL MÁS DIVERTIDO

DIALOGUE

Joe: Jay is the oldest brother.	*Joe: Jay es el hermano mayor.*
Charlie: But he looks so young!	*Charlie: ¡Pero parece tan joven!*
Joe: He's also the funniest and one of the most amazing people I know.	*Joe: Es también el más divertido y una de las personas más sorprendentes que conozco.*

USO DEL SUPERLATIVO

- **El superlativo se usa para destacar un elemento o característica sobre el resto.**

- Para formar el **superlativo** con adjetivos o adverbios de una sílaba debes usar **"the"** y agregarles **"-est"**:

young *(joven)*: **the youngest** *(el más joven)* .

Joe is **the youngest** brother.
Joe es el hermano más joven.

That's **the cheapest** picture in the gallery.
Ese es el cuadro más barato de la galería.

- Si el adjetivo o adverbio tiene tres sílabas o más debes usar **"the most".**

interesting *(interesante)*: **the most interesting** *(el más interesante).*

That was **the most interesting** movie I watched last year.
Esa fue la película más interesante que vi el año pasado.

It is **the most difficult** exercise on the test.
Es el ejercicio más difícil del examen.

- Aquellos adjetivos con dos sílabas acabados en "-y" forman este comparativo como los de una sílaba. Así:

funny *(divertido)*:
the funniest *(el más divertido)*

Bart is **the funniest** person I know.
Bart es la persona más divertida que conozco.

It was **the silliest** mistake I made.
Fue el error más tonto que cometí.

EXERCISE: Completar con la forma de superlativo correcta.

1.- They are in love. They are...................... people in the world.

a) the happyest b) the most happy c) the happiest

2.- This is .... car in the country.

a) the most modern b) the more modern c) the modernest

Soluciones: 1.- c; 2.- a.

LECCIÓN 65

¿PUEDO AYUDARLE?

DIALOGUE

Salesperson: Good afternoon, madam! May I help you?

Emma: Yes, please. I'm looking for a formal dress. I need it for a ceremony at my husband's company. And I'd like to see some shoes as well. I need a pair of shoes to match the dress.

Salesperson: Okay. We have a lot of dresses to choose from. Come with me, please. (To be continued).

Vendedor: ¡Buenas tardes, señora! ¿Puedo ayudarle?

Emma: Sí, por favor. Estoy buscando un vestido de etiqueta. Lo necesito para una ceremonia en la empresa de mi marido. Y me gustaría ver unos zapatos también. Necesito un par de zapatos que vayan bien con el vestido.

Vendedor: De acuerdo. Tenemos muchos vestidos para elegir. Venga conmigo, por favor. (Continuará)

EXPRESIONES AL IR DE COMPRAS (I)

- A continuación trataremos algunas expresiones usadas cuando vamos de compras:
- El vendedor suele ofrecer ayuda diciendo:

May I help you?
¿Puedo ayudarle?

Can I help you?
¿Puedo ayudarle?

How can I help you?
¿En qué puedo ayudarle?

- Para pedir el producto que queremos, podemos decir:

I'm looking for a shirt.
Estoy buscando una camisa.

I'd like a tie.
Quisiera una corbata.

I'd like to see some belts.
Me gustaría ver algunos cinturones.

I need a watch.
Necesito un reloj.

I want a pair of leather shoes.
Quiero un par de zapatos de piel.

EXERCISES: 1.- Cuando un vendedor nos ofrece ayuda en una tienda, lo hará diciendo:

a) I'll help you, sir/madam. b) How can I help you? c) Must I help you?

2.- Si nos dirigimos al vendedor para decirle el producto que deseamos ver o que nos muestre, no usaremos una de las siguientes frases. ¿Cuál de ellas?

a) I'll take an umbrella. b) I want an umbrella. c) I'd like an umbrella.

Soluciones: 1.- b; 2.- a.

LECCIÓN 66
¿CÓMO DESEA PAGAR?

DIALOGUE

Emma:	These shoes are beautiful. How much are they?	*Emma:*	*Estos zapatos son preciosos. ¿Cuánto cuestan?*
Salesperson:	They're $120.	*Vendedor:*	*Cuestan $120.*
Emma:	I'll take them!	*Emma:*	*¡Me los llevo!*
Salesperson:	Alright! How do you want to pay?	*Vendedor:*	*¡Muy bien! ¿Cómo desea pagar?*
Emma:	With a credit card.	*Emma:*	*Con tarjeta de crédito.*
Salesperson:	Okay. That's $120. Please enter your PIN.	*Vendedor:*	*De acuerdo. Son $120. Por favor, introduzca su PIN.*

EXPRESIONES AL IR DE COMPRAS (II)

- Para indicar que sólo estamos mirando decimos:

I'm just looking, thanks. *Sólo estoy mirando, gracias.*

- Cuando queremos saber el precio de alguna cosa:

How much is it? *¿Cuánto cuesta?*

How much is the book? *¿Cuánto cuesta el libro?*

How much does this cost? *¿Cuánto cuesto esto?*

- Si nos llevamos el producto, lo haremos diciendo:

I'll take it. *Me lo/la llevo.*

I'll take them. *Me los/las llevo.*

I'll take the blue umbrella. *Me llevo el paraguas azul.*

- En el momento de pagar nos preguntarán:

How are you paying? *¿Cómo va a pagar?*

How do you want to pay? *¿Cómo quiere pagar?*

Do you pay cash? *¿Paga en efectivo?*

- Y podremos responder:

Cash / In cash *En efectivo.*

With a credit card. *Con tarjeta de crédito.*

- Cuando intentemos combinar prendas o colores:

I'm looking for a color **to match** with orange.
Estoy buscando un color que combine con el anaranjado.

I'd like a skirt **to match** with this blouse.
Quiero una falda que combine con esta blusa.

EXERCISE: 1.- Cuando vamos a pagar en una tienda nos pueden preguntar:

a) How much is it? b) Do you pay cash? c) Can I help you?

Soluciones: 1.- b.

NIVEL INTERMEDIO

LECCIÓN 67

NO ME GUSTA EL AZUL

DIALOGUE

Paula:	I'm looking for a skirt. I need it for a wedding.	*Paula:*	*Estoy buscando una falda. La necesito para una boda.*
Salesperson:	Here you are. What do you think about this blue skirt?	*Vendedor:*	*Aquí tiene. ¿Qué le parece esta falda azul?*
Paula:	Mmm..., I don't really like pale blue.	*Paula:*	*Mmm..., realmente no me gusta el azul pálido.*
Salesperson:	And what about this red one? I am sure it will suit you.	*Vendedor:*	*¿Y qué tal esta roja? Estoy seguro de que le quedará bien.*

LOS COLORES

red	*rojo*	**blue**	*azul*
yellow	*amarillo*	**green**	*verde*
orange	*anaranjado*	**brown**	*marrón*
black	*negro*	**white**	*blanco*
gray	*gris*	**pink**	*rosa*
purple	*morado*	**fuchsia**	*fucsia*
sky blue	*azul celeste*	**navy blue**	*azul marino*

- Para expresar la intensidad del color usamos **"light"** *(claro)* y **"dark"** *(oscuro)*:

I hate **dark brown** in clothes. — *Odio el marrón oscuro en la ropa.*

She'd like a **light green** car. — *Ella quisiera un auto verde claro.*

- Los tonos claros también pueden expresarse con **"pale"** *(pálido, pastel)*:

I don't like **pale pink**. — *No me gusta el rosa pastel (rosa pálido).*

- Otros adjetivos relativos al color son:

colorful *colorido*

golden *dorado*

silver *plateado*

She always wears **colorful** dresses.
Ella siempre lleva vestidos coloridos.

I'd like a **golden** belt.
Quisiera un cinturón dorado.

- Cuando decimos que una persona que va vestida de un color determinado, lo hacemos así:

The woman **in red** is my wife. *La mujer de rojo es mi esposa.*

My boss is the man **in dark gray**. *Mi jefe es el hombre de gris oscuro.*

EXERCISE: 1.- ¿Cuál de los siguientes colores es muy diferente a los otros tres?

a) sky blue b) light blue c) navy blue d) pale blue

<u>Soluciones</u>: 1.- c.

LECCIÓN 68
TU ACENTO ES EXTRAÑO, ¿VERDAD?

DIALOGUE

Dolly: You're from Mexico, aren't you?	*Dolly: Eres de México, ¿verdad?*
Gary: No, I'm from the United States. Do I look Mexican?	*Gary: No, soy de los Estados Unidos. ¿Parezco mexicano?*
Dolly: Yes, a bit, but your accent is strange, isn't it?	*Dolly: Sí, un poco, pero tu acento es extraño, ¿verdad?*
Gary: My accent is from the south of Mexico because I was born there.	*Gary: Mi acento es del sur de México porque nací allí.*
Dolly: Oh, so you are half Mexican!	*Dolly: ¡Oh, entonces eres medio mexicano!*

PREGUNTAS DE CONFIRMACIÓN (TAG QUESTIONS)

- Para confirmar algo que se acaba de expresar se usan las "tag questions", que en español equivalen a *"¿verdad?"* o *"¿no?"* al final de la frase.

- Si en la frase hay un auxiliar, lo utilizamos para la "tag question" junto al pronombre correspondiente. Si la frase es afirmativa, el auxiliar se usa de forma negativa en la "tag question" y viceversa.

You **are** from Mexico, **aren't** you?
Tú eres de México, ¿verdad?

He **can't** drive, **can** he?
Él no sabe conducir, ¿verdad?

She **was** a good student, **wasn't** she?
Ella era una buena estudiante, ¿verdad?

- Si en la frase no hay verbo auxiliar, para la "tag question" usaremos "do-does/don't-doesn't" si la frase está en presente, y "did/didn't" si está en pasado.

You **work** as an accountant, **don't** you?
Trabajas como contador, ¿verdad?

She **doesn't waste** her money, **does** she?
Ella no malgasta su dinero, ¿verdad?

We **bought** some sugar, **didn't** we?
Compramos azúcar, ¿verdad?

EXERCISE: 1.- Completar con la "tag question" correspondiente.

a) You have brothers and sisters, ...?

b) Paula couldn't arrive on time, ...?

c) Patrick and Tom should buy our tickets, ...?

Soluciones: 1.- a) don't you; b) could she; c) shouldn't they.

LECCIÓN 69

ESTE ES EL BAR DE WENDY

DIALOGUE

Johnny: This is Wendy's bar.

Eddie: I thought it was down the street.

Johnny: No, it's next to Ben's house. He lives right there.

Eddie: Should we go in?

Johnny: I don't think it's a good idea; she must be very busy.

Johnny: Este es el bar de Wendy.

Eddie: Pensaba que estaba bajando esta calle.

Johnny: No, está al lado de la casa de Ben. Él vive justo allí.

Eddie: ¿Entramos?

Johnny: No creo que sea una buena idea; ella debe de estar muy ocupada.

EL CASO GENITIVO

- El caso genitivo, que es una manera de expresar posesión, se utiliza cuando en la frase aparecen tanto el poseedor (que ha de ser una persona o, a veces, un animal) como aquello que se posee.

  En primer lugar aparece el poseedor, a éste se le añade un apóstrofo y una "s", y finalmente aquello que se posee.

  John's car *El auto de John*

  Linda's book is interesting.
  El libro de Linda es interesante.

  My brother's name is Tom.
  El nombre de mi hermano es Tom.

- Cuando el poseedor acaba en "s" por ser plural, sólo se agrega el apóstrofo:

  Your parents' bedroom is very small.
  El dormitorio de tus padres es muy pequeño.

- Cuando el nombre del poseedor termina en "s", se le puede añadir apóstrofo y "s" o sólo el apóstrofo, pero la pronunciación varía.

Dennis'**s** dog. (se pronuncia *dénisiz*)

Dennis' dog. (se pronuncia *dénis*)

El caso genitivo también se utiliza cuando "el poseedor" es un adverbio de tiempo:

Today's newspaper. *El periódico de hoy.*

EXERCISE: 1.- ¿Cuál de las siguientes frases es incorrecta?

a) James's apartment is really big.

b) My cousins's father is my uncle.

c) He doesn't like his neighbors' cat.

Soluciones: 1.- b.

LECCIÓN 70
ME LLEVO EL GRANDE

DIALOGUE

Ruth:	I like this bunch of flowers. How much is it?	*Ruth:*	*Me gusta este ramo de flores. ¿Cuánto vale?*
Florist:	This one is $22 and that one over there is $30.	*Florista:*	*Este vale $22 y ese de allí $30.*
Ruth:	I'll take the big one. It's a bit more expensive, but it's so beautiful...	*Ruth:*	*Me llevaré el grande. Es un poco más caro, pero es tan bonito ...*
Florist:	Don't you like these roses?	*Florista:*	*¿No le gustan estas rosas?*
Ruth:	The red ones? Yes, they're very nice.	*Ruth:*	*¿Las rojas? Sí, son muy bonitas.*

USO DE "ONE" Y "ONES"

- **"One"** y **"ones"** pueden usarse como pronombres, es decir, sustituyendo a un nombre, y se utilizan para evitar la repetición del mismo.

  "One" se utiliza para sustituir a un nombre singular y **"ones"** a un nombre plural. Pueden ir precedidos de:

- El artículo "the":

  The book on the shelf is a dictionary. **The one** on the table is a guide.
  El libro que hay en el estante es un diccionario. El que está en la mesa es una guía.

- Un demostrativo (this, that, these, those):

  Do you like this lamp? I prefer **that one.**
  ¿Te gusta esta lámpara? Yo prefiero esa.

- Un adjetivo:

  Look at all these apples. **Those red ones** are delicious.
  Mira todas estas manzanas. Esas rojas están deliciosas.

- "Last" *(último)* y "next" *(próximo)*:

  I did a lot of exercises. **The last ones** were difficult.
  Hice muchos ejercicios. Los últimos eran difíciles.

- Which *(cuál, cuáles)*:

  - I'd like that television. *Quisiera ese televisor.*

  - **Which one?** *¿Cuál?*

  - That big **one.** *Ese grande.*

EXERCISE: 1.- Completar con la opción correcta.

She wrote some books last year. .... was a novel.

a) The last one b) The one c) That one

Soluciones: 1.- a.

LECCIÓN 71

EN REALIDAD QUERÍA UNAS GAFAS DE SOL

DIALOGUE

Rita: I really wanted a pair of sunglasses and last weekend I was determined to find a pair that suited me.

David: And did you find those sunglasses?

Rita: No, I was unsuccessful.

David: Needless to say, you were disappointed.

Rita: Well, a little, but fortunately I found a pair of jeans that made my day.

Rita: En realidad quería unas gafas de sol y el pasado fin de semana estaba decidida a encontrar unas que me quedaran bien.

David: ¿Y encontraste esas gafas de sol?

Rita: No, no tuve suerte.

David: No hace falta decir que te contrariaste.

Rita: Bueno, un poco, pero afortunadamente encontré unos jeans que me alegraron el día.

SUSTANTIVOS PLURALES

- En inglés hay algunos nombres que siempre tienen forma de plural, como:

glasses *lentes, gafas*

scissors *tijeras*

shorts *pantalón/es corto/s*

pants *pantalón/es largo/s*

jeans *pantalón/es tejano/s*

pajamas *pijama*

- Para indicar que nos referimos a **uno** de estos artículos, debemos usar **"a pair of"***(un par de)*:

I need to buy **a pair of** glasses. — *Necesito comprar unas gafas.*

I'd like **a pair of** jeans. — *Quisiera un pantalón tejano.*

- La expresión "a pair of" también se utiliza con objetos que suelen aparecer como par.

a pair of gloves *un par de guantes*

a pair of socks *un par de calcetines/medias*

a pair of shoes *un par de zapatos*

a pair of boots *un par de botas*

EXERCISE: 1.- ¿Cuál de las siguientes oraciones no es correcta?

a) I bought some blue jeans. b) I bought a blue jean. c) I bought a pair of blue jeans.

Soluciones: 1.- b.

LECCIÓN 72
¿QUÉ TALLA TIENE?

DIALOGUE

Ann:	Hello! I'm looking for a jacket. Could you help me?	*Ann:*	*¡Hola! Estoy buscando una chaqueta. ¿Podría ayudarme?*
Salesperson:	Sure. What kind of jacket are you looking for?	*Vendedora:*	*¿Qué tipo de chaqueta está buscando?*
Ann:	Something casual I can wear everywhere.	*Ann:*	*Algo casual que pueda llevar a todos los sitios.*
Salesperson:	What size do you wear?	*Vendedora:*	*¿Qué talla tiene?*
Ann:	Medium.	*Ann:*	*La mediana.*

EXPRESIONES AL IR DE COMPRAS (III)

- Para preguntar el tipo o clase de objeto que deseamos comprar podemos decir:

What type of ....? *¿Qué tipo de...?*

What kind of.....? *¿Qué clase de...?*

What sort of.....? *¿Qué tipo de?*

What type of jacket is she looking for?
¿Qué tipo de chaqueta está buscando ella?

What kind of pants do you need?
¿Qué clase de pantalones necesita?

What sort of shirt do you want?
¿Qué tipo de camisa quieres?

- Para preguntar por la talla de alguna prenda de vestir:

What size? *¿Qué talla?*

What size do you wear? *¿Qué talla tiene usted?*

What size pants **do you wear?** *¿Qué talla de pantalones tiene usted?*

What size shoes **do you wear?** *¿Qué número de pie tiene usted?*

- Las tallas o medidas suelen ser:

Extra large (XL)	*extra grande*	**Large (L)**	*grande*
Medium (M)	*mediano/a*	**Small (S)**	*pequeño/a*
I wear a **medium.**	*Tengo la talla mediana.*		

EXERCISE: 1.- ¿Cuáles de las siguientes oraciones nos dirían al querer comprar unos zapatos?

a) What type of shoes are you looking for?

b) What size shoe do you wear?

c) What shoes do you have?

Soluciones: 1.- "a" y "b".

LECCIÓN 73

LE QUEDA MUY BIEN

DIALOGUE

Salesperson:	How about this T-shirt?	*Vendedora:*	*¿Qué tal esta camiseta?*
Helen:	It's nice. May I have it in large?	*Helen:*	*Es bonita. ¿Puede darme la talla grande?*
Salesperson:	Here you are.	*Vendedora:*	*Aquí tiene.*
Helen:	Okay. Can I try it on?	*Helen:*	*Muy bien. ¿Puedo probármela?*
Salesperson:	Certainly. The changing rooms are just there, on the left.	*Vendedora:*	*Por supuesto. Los probadores están justo allí, a la izquierda.*
Helen:	What do you think?	*Helen:*	*¿Qué le parece?*
Salesperson:	It really suits you! It goes well with your jeans.	*Vendedora:*	*Realmente le queda bien. Va muy bien con sus jeans.*

EXPRESIONES AL IR DE COMPRAS (IV)

- Para solicitar que nos muestren un producto en distintos colores, tamaños o materiales, decimos:

May I have it **in red**?	*¿Puedo verlo en rojo?*
Can I have it **in large**?	*¿Puedo verlo en talla grande?*
May I see it **in leather**?	*¿Puedo verlo en piel?*

- Para expresar que una prenda o color sienta bien se pueden usar los verbos "suit" y "go".

This blouse **suits** you.	*Esta camisa te queda bien.*
This color **suits** you very well.	*Este color te queda muy bien.*
Does this **suit** me?	*¿Me queda esto bien?*

Those jeans **go well with** your new jacket.
Esos tejanos van bien con tu chaqueta nueva.

- Si queremos probarnos una prenda usaremos el verbo **"to try on"** *(probarse)*:

Can I **try** these jeans **on?**	*¿Puedo probarme estos tejanos?*
May I **try on** this T-shirt?	*¿Puedo probarme esta camiseta?*
I'll **try on** this skirt.	*Me probaré esta falda.*

EXERCISE: 1.- ¿Cómo preguntamos si nos podemos probar una camisa en una tienda?

a) Can you try this shirt?

b) Can I try this shirt on?

c) Can I try this shirt?

Soluciones: 1.- b.

LECCIÓN 74
¿PUEDO USAR LA COMPUTADORA?

DIALOGUE

Curtis: Can I go to my room?	*Curtis: ¿Puedo ir a mi habitación?*
Bobby: Yes, you can, but remember to wake up early tomorrow. We have things to do.	*Bobby: Sí, puedes, pero no olvides despertarte mañana temprano. Tenemos cosas que hacer.*
Curtis: Of course. Can I use the computer for a minute?	*Curtis: Por supuesto. ¿Puedo usar la computadora un momento?*
Bobby: I'm sorry but you can't. It's late.	*Bobby: Lo siento, pero no puedes. Es tarde.*
Curtis: Okay. What time will you be waking up?	*Curtis: De acuerdo. ¿A qué hora te levantarás?*
Bobby: At seven o'clock.	*Bobby: A las siete en punto.*
Curtis: See you at seven then.	*Curtis: Nos vemos a las siete entonces.*

PEDIR PERMISO

- Para pedir permiso se usan "can" (informal), "could" (formal) y "may" (formal).

Can I go to the bathroom?	*¿Puedo ir al baño?*
Could I talk to you for a minute?	*¿Podría hablar con usted un momento?*
May I use your computer?	*¿Puedo utilizar su computadora?*

- A estas preguntas se les puede responder afirmativa o negativamente. Así:

RESPUESTAS AFIRMATIVAS		RESPUESTAS NEGATIVAS
Yes, you can.	*Sí, puede.*	**No, you can't**. *No, no puede.*
Yes, you may.	*Sí, puede.*	**No, you may not**. *No, no puede.*
Certainly.	*Por supuesto.*	**I'm sorry but you can't**. *Lo siento pero no puede.*
Of course.	*Por supuesto*	**I'm afraid you can't**. *Me temo que no puede.*
Sure.	*Claro.*	

- **Could** I try on this pair of pants?
- *¿Podría probarme estos pantalones*

- **Certainly**.
- *Por supuesto.*

- **Can** I pay with a credit card?
- *¿Puedo pagar con tarjeta de crédito*

- **I'm afraid you can't**. We only accept cash.
- *Me temo que no puede. Sólo aceptamos en efectivo.*

EXERCISE: 1.- De manera formal, ¿cómo pedimos permiso para entrar en una habitación?

a) Can I come in? b) Will I come in? c) May I come in?

Soluciones: 1.- c.

LECCIÓN 75

ESTOY MUY ABURRIDO

DIALOGUE

Damien: I'm so bored.

Amy: Why don't you clean your room?

Damien: No, not now. I'm too exhausted from all that running.

Amy: If you're tired you should go to bed.

Damien: No, I prefer to watch TV now. There might be an interesting movie on.

Damien: Estoy muy aburrido.

Amy: ¿Por qué no limpias tu habitación?

Damien: No, ahora no. Estoy agotado de tanto correr.

Amy: Si estás cansado deberías irte a la cama.

Damien: No, prefiero ver la televisión ahora. Puede que haya una película interesante.

ADJETIVOS ACABADOS EN "ED" Y EN "ING"

- Usaremos los adjetivos terminados en **"-ed"** cuando nos refiramos a cómo están las personas, cómo se sienten. Describen un estado.

bored	*aburrido*
worried	*preocupado*
interested	*interesado*
tired	*cansado*
exhausted	*agotado*

She is **bored**.	*Ella está aburrida.*
I'm **interested** in history.	*Estoy interesado en la historia.*
My mother is **worried**.	*Mi madre está preocupada.*
Are you **tired**?	*¿Estás cansado?*

- Usaremos los terminados en **"-ing"** cuando nos refiramos a cómo son (y no a cómo están) las personas o situaciones.

boring *aburrido*

worrying *preocupante*

interesting *interesante*

tiring *cansado*

exhausting *agotador*

This book is very **interesting**.
Este libro es muy interesante.

The situation is **worrying**.
La situación es preocupante.

The journey was very **tiring**.
El viaje fue muy cansado.

Por lo tanto podríamos decir:

I am **bored** because this program is **boring**.
Estoy aburrido porque este programa es aburrido.

We are **worried** because our situation is **worrying**.
Estamos preocupados porque nuestra situación es preocupante.

He is **exhausted** because the tennis match was **exhausting**.
Él está agotado porque el partido de tenis fue agotador.

EXERCISE: 1.- Elige la opción correcta.

Long journeys are usually ....

a) worrying b) tiring c) worried d) tired

Soluciones: 1.- b.

LECCIÓN 76

DOS LIBRAS DE FRESAS, POR FAVOR

DIALOGUE

Grocer:	Good morning! What can I do for you?	*Verdulero:*	*¡Buenos días! ¿En qué puedo ayudarle?*
Sophie:	I'd like a gallon of milk, four pounds of pears and two pounds of strawberries, please.	*Sophie:*	*Quiero un galón de leche, cuatro libras de peras y dos libras de fresas, por favor.*
Grocer:	I can see you like fruit, don't you?	*Grocer:*	*Veo que le gusta la fruta, ¿verdad?*
Sophie:	Yes, a lot.	*Sophie:*	*Sí, mucho.*

PESOS Y MEDIDAS

A continuación se muestran tablas con equivalencias de pesos y medidas. Este es el sistema utilizado en EEUU. En otros países estos pesos y medidas pueden corresponder a cantidades ligeramente diferentes.

- **MEDIDAS DE LONGITUD**

1 inch (in.)	*1 pulgada = 2.54 centímetros*
1 foot (ft.)	*1 pie = 30.48 centímetros*
1 yard (yd.)	*1 yarda = 0.914 metros*
1 mile (mi.)*	*1 milla = 1.609 kilómetros*

* La abreviatura que se recomienda para "mile" es "mi.", pese a que podemos encontrar otras, como en "mph" (miles per hour, *millas por hora*)

The path is two **yards** long.
El camino tiene dos yardas de largo.

- **MEDIDAS DE CAPACIDAD O VOLUMEN**

1 gallon (gal.) *1 galón = 3.78 litros*

1 quart (qt.) *1 cuarto de galón = 0.94 litros*

There's a **gallon** of milk in the fridge.
Hay un galón de leche en el refrigerador.

- **MEDIDAS DE PESO**

1 ton (t.) *1 tonelada = 907 kilogramos (2,000 libras)*

1 pound (lb.) *1 libra = 0.453 kilogramos*

1 ounce (oz.) *1 onza = 28.35 gramos*

I need a **pound** of sugar for the cake.
Necesito una libra de azúcar para el pastel.

EXERCISE: 1.- Completa la oración con la opción correcta.

If John weighs 150 pounds ...

a) ... he weighs 68 kilos. b) ... he weighs 72 kilos. c) ... he weighs 70 kilos

Soluciones: 1.- a.

LECCIÓN 77
¿ME PUEDES HACER UN FAVOR?

DIALOGUE

Albert: Let's make a salad for dinner.

Beth: No, we can't. There isn't enough lettuce.

Albert: Oh! Can you do me a favor? Please, go to the store and buy some.

Albert: Hagamos una ensalada para la cena.

Beth: No, no podemos. No hay suficiente lechuga.

Albert: ¡Oh! ¿Me puedes hacer un favor? Ve a la tienda y compra una poca, por favor.

"TO DO" Y "TO MAKE"

- Ambos verbos significan *"hacer"*, pero su uso es muy diferente.

"To do" se usa:

- Cuando hablamos de una actividad en general, sin mencionar cuál es:

What are you **doing**? *¿Qué estás haciendo?*

- En expresiones como:

to do business	*hacer negocio*
to do harm	*hacer daño*
to do a favor	*hacer un favor*
to do the homework	*hacer los deberes*
to do the housework	*hacer las tareas domésticas*
to do the cleaning	*hacer la limpieza*

"To make" se usa:

- Con la idea de "crear", "fabricar", "elaborar".

She's **making** a dress. *Ella está haciendo un vestido.*

- Al referirnos a todo tipo de comidas:

I **made** an omelette for dinner. *Hice una tortilla para la cena.*

They're **making** a delicious meal. *Están haciendo una comida deliciosa.*

- En expresiones como:

to make a mistake	*cometer un error*
to make friends	*hacer amigos*
to make a decision	*tomar una decisión*
to make an effort	*hacer un esfuerzo*
to make a noise	*hacer ruido*
to make a phone call	*hacer una llamada de teléfono*
to make your bed	*hacer la (tu) cama*

EXERCISE: 1.- Completa los espacios con los verbos "to do" o "to make" en el tiempo que corresponda.

a) I .... a few mistakes on the test yesterday.

b) I'll .... dinner.

c) They .... a lot of business in China last year.

d) Are you .... anything tonight?

e) Smoking .... a lot of harm to your health.

Soluciones: 1.- a)made; b) make; c) did; d) doing; e) does.

LECCIÓN 78
¿CUÁNTO TARDAS EN VENIR AQUÍ?

DIALOGUE

Thomas: How far away do you live?

Sarah: About six miles away.

Thomas: Do you come to town often?

Sarah: Only once a week.

Thomas: And how long does it take you to get here?

Sarah: It takes me about twenty minutes.

Thomas: ¿A qué distancia vives?

Sarah: A unas seis millas.

Thomas: ¿Vienes con frecuencia a la ciudad?

Sarah: Solo una vez a la semana.

Thomas: ¿Y cuánto tardas en venir aquí?

Sarah: Tardo alrededor de veinte minutos.

"HOW LONG?"

- Con **"how long?"** preguntamos por la duración de una actividad:

How long did you live in New Orleans?
¿Cuánto tiempo viviste en Nueva Orleans?

How long are you going to be on vacation?
¿Cuánto tiempo vas a estar de vacaciones?

- También se usa para preguntar el tiempo que se tarda en realizar una actividad.

How long does it take to...? *¿Cuánto se tarda en...?*

How long does it take to fly to Miami? It takes two hours.
¿Cuánto tiempo se tarda en volar a Miami? Se tardan dos horas.

How long does it take to make a paella? It takes half an hour.
¿Cuánto tiempo se tarda en preparar una paella? Se tarda media hora.

- Podemos preguntar el tiempo que alguien tarda en hacer algo:

How long does it take **you** to get to work?
¿Cuánto tiempo tardas en llegar al trabajo?

EXERCISES: 1.- Completar con la opción adecuada en cada caso.

1.- How .... does it take?

a) many b) far c) long

2.- How .... eggs do you need for the omelette?

a) much b) many c) often

3.- How .... was the old station from here?

a) far b) long c) about

Soluciones: 1.- c; 2.- b; 3.- a.

LECCIÓN 79
TENGO UN BLOG

DIALOGUE

Edwin: Can I have your email address, please?	*Edwin: ¿Me das tu dirección de correo electrónico electrónico, por favor?*
Bill: Sure, you can email me at billsundercoe@hotmail.com.	*Bill: Claro, me puedes escribir a billsundercoe@hotmail.com.*

Edwin: Do you have a website or anything, or are you on any social networks?

Bill: I have a blog and my hotmail account but I'm not on any social networks.

Edwin: ¿Tienes un sitio web o algo, o estás es alguna red social?

Bill: Tengo un blog y mi cuenta de hotmail, pero no estoy en ninguna red social.

LA COMPUTADORA – The computer

monitor	*monitor*	**screen**	*pantalla*
keyboard	*teclado*	**mouse**	*ratón*
mouse pad	*alfombrilla del ratón*	**to surf**	*navegar*
the Internet	*internet*	**link**	*enlace*
web site	*sitio web*	**homepage**	*página de inicio*
to update	*actualizar*	**password**	*contraseña*
delete	*eliminar*	**download**	*descargar, bajar*
file	*archivo*	**folder**	*carpeta*
inbox	*bandeja de entrada*	**outbox**	*bandeja de salida*
log in	*iniciar sesión*	**log out**	*cerrar sesión*
draft	*borrador*	**browser**	*navegador*
to attach	*adjuntar*	**virus**	*virus*

My **computer** had a **virus**, so it didn't let me **surf the Internet**.
Mi computadora tenía un virus, así que no me dejaba navegar por internet.

I haven't sent this **email** yet because I need to **attach** a **file**.
No he enviado este correo electrónico todavía porque necesito adjuntar un archivo.

LA DIRECCIÓN DE CORREO ELECTRÓNICO (The email address)

- Para leer una dirección de correo electrónico usamos los términos siguientes:

albert_gloves@telemail.com

Léase: albert **underscore** gloves **at** telemail **dot** com

EXERCISE: 1.- Completa las vocales para formar palabras relativas al ordenador.

a) K _ Y B _ _ R D

b) M _ _ S _

c) H _ M _ P _ G _

Soluciones: 1.- a) KEYBOARD; b) MOUSE; c) HOMEPAGE.

LECCIÓN 80

HE GASTADO MUCHO DINERO

DIALOGUE

Conway: I spent so much money on vacation.	*Conway: He gastado mucho dinero en las vacaciones.*
Loretta: You have to learn to spend less, and save a little.	*Loretta: Tienes que aprender a gastar menos y a ahorrar un poco.*
Conway: Yes, but a friend was in need and I had to lend him some money.	*Conway: Si, pero un amigo lo necesitaba y tuve que prestarle dinero.*
Loretta: Okay, but be careful, you may need that money back sometime.	*Loretta: Bien, pero ten cuidado, puede que lo necesites en algún momento.*
Conway: In that case, I would borrow some.	*Conway: En ese caso, lo pediría prestado.*

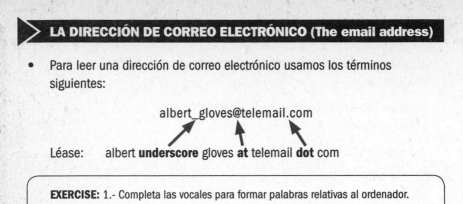

EXPRESIONES EN EL BANCO

- Algunas de las distintas operaciones que se realizan en el banco se muestran en los siguientes ejemplos:

What do I need to apply for an account?
¿Qué necesito para solicitar una cuenta?

You can withdraw and deposit money at any ATM.
Puede retirar e ingresar dinero en cualquier cajero automático.

What are the maintenance fees?
¿Cuáles son los costos por mantenimiento?

You will receive a monthly statement with all your expenses.
Usted recibirá un extracto mensual con todos sus gastos.

I'd like to ask for a loan. *Me gustaría pedir un préstamo.*

VERBOS RELACIONADOS CON EL DINERO

to earn:	*ganar (como salario)*
to save:	*ahorrar*
to keep:	*guardar*
to spend (on):	*gastar (en)*
to waste:	*malgastar*
to invest (in):	*invertir (en)*
to borrow:	*pedir prestado*
to lend:	*prestar*
to be broke:	*estar arruinado*

EXERCISE: 1.- Completar las siguientes oraciones con el verbo en el tiempo correspondiente: borrow, spend, save.

a) It's good to .... some money. One never knows.

b) We .... a lot of money on food.

c) I was broke and I .... some money.

Soluciones: 1.- a) save; b) spend; c) borrowed.

LECCIÓN 81

FUI DE COMPRAS Y DESPUÉS VINE A CASA

DIALOGUE

Bob: What have you been doing today?

Paul: First I went to school, then I went shopping, and, after that, I came home.

Bob: How long have you been shopping?

Paul: Whew! For a long time.

Bob: ¿Qué has estado haciendo hoy?

Paul: Primero fui al colegio, luego fui de compras y después vine a casa.

Bob: ¿Cuánto tiempo estuviste de compras?

Paul: ¡Uff! Mucho tiempo.

EXPRESIONES PARA ENUMERAR U ORDENAR ACCIONES

- Al narrar alguna situación donde tienen lugar varias acciones, para seguir un orden o enumeración se utilizan las siguientes expresiones:

first	*primero, en primer lugar*
then	*luego, después*
after that	*luego, después, después de eso*
later	*más tarde, posteriormente, después*
finally	*finalmente, por último*

First I got up, **then** I took a shower, **after that** I had breakfast and, **finally**, I took the children to school.
Primero me levanté, luego tomé una ducha, después de eso desayuné y, finalmente, llevé a los niños a la escuela.

When she gets home in the evening, **first** she has dinner and **then** she watches TV.
Cuando ella llega a casa por la noche, primero cena y luego ve la TV.

- Un error habitual es utilizar **"after"** como *"después"*, cuando en realidad es *"después de"*.

We went for a walk **after** the meal.
Fuimos a dar un paseo después de la comida.

EXERCISE: 1.- Ordena la secuencia de frases y únelas con: "first", "then", "after that" y "finally".

She left her purse on a chair. She went to bed. She took a shower. She got home.

Solución: First she got home, then she left her purse on a chair, after that she took a shower, and finally she went to bed.

LECCIÓN 82
ESTOY ESPERANDO A MI HERMANO

DIALOGUE

Tori:	Why are you standing here?	*Tori:*	*¿Por qué estás ahí de pie?*
Robbie:	I'm waiting for my brother, and you?	*Robbie:*	*Estoy esperando a mi hermano, ¿y tú?*
Tori:	Well, I'm expecting a friend, but he's not showing up.	*Tori:*	*Bueno, estoy esperando a un amigo, pero no aparece.*
Robbie:	My brother can give you a lift if you want.	*Robbie:*	*Mi hermano puede llevarte en el auto si quieres.*
Tori:	That would be great, thanks.	*Tori:*	*Eso sería genial, gracias.*

LOS VERBOS "TO WAIT", "TO EXPECT" Y "TO HOPE"

- El verbo *"esperar"* se puede decir de diferentes maneras en inglés, según la situación en la que lo usemos. Así:

- **Wait**: (for something or somebody) *esperar físicamente (algo o a alguien)*

Who are you **waiting for**? *¿A quién estás esperando?*

She's **waiting for** the bus. *Ella está esperando el autobús*

- **Expect**: *esperar (con evidencia de que algo va a ocurrir)*

Se usa cuando <u>pensamos</u> que algo va a ocurrir porque hay motivos para que ocurra. Se trata de una predicción.

She **is expecting** a baby.
Ella está esperando un bebé.

I **expect** to get home soon.
Espero llegar pronto a casa.
(Porque termino pronto de trabajar)

- **Hope:** *esperar (sin evidencia de que algo va a ocurrir)*

Se usa cuando <u>queremos</u> que algo ocurra o haya ocurrido, es decir, tener una esperanza.

I **hope** you enjoyed the party. *Espero que lo hayas pasado bien en la fiesta.*

I **hope** it will rain soon. *Espero que llueva pronto.*

EXERCISE: 1.- Elegir la opción correcta en cada caso.

a) Did you really .... me not to be angry about that? (hope / expect / wait)

b) We can't .... to see her new movie. (wait / expect / hope)

c) I haven't heard from Jude for a long time. I .... she's fine. (expect / hope / wait)

<u>Soluciones</u>: 1.- a) expect; b) wait; c) hope.

LECCIÓN 83

¿DE QUÉ ESTÁ HECHO?

DIALOGUE

Emily:	Can I see that plate, please?	*Emily:*	*¿Puedo ver ese plato, por favor?*
Salesperson:	There you are.	*Vendedor:*	*Aquí tiene.*
Emily:	Not the round one, I'd like to see the square one.	*Emily:*	*No, no el redondo, quiero ver el cuadrado.*
Salesperson:	Is there anything else I can help you with?	*Vendedor:*	*¿Hay algo más en lo que pueda ayudarle?*
Emily:	Well, I want to know what material this plate is made of.	*Emily:*	*Bueno, quiero saber de qué material está hecho el plato.*
Salesperson:	It's made out of wood.	*Vendedor:*	*Está hecho de madera.*
Emily:	Looks like plastic to me.	*Emily:*	*A mí me parece plástico.*
Salesperson:	Would you like to see another one?	*Vendedor:*	*¿Quiere ver algún otro?*
Emily:	No thanks, I'm not sure you have what I'm looking for.	*Emily:*	*No, gracias, no estoy segura de que tengan lo que estoy buscando.*

FORMAS Y MATERIALES

- Según su forma, las cosas pueden ser:

round	*redondo/a*	**circular**	*circular*
square	*cuadrado/a*	**rectangular**	*rectangular*
cylindrical	*cilíndrico/a*	**hollow**	*hueco/a*
oval	*ovalado/a*	**solid**	*sólido/a*
triangular	*triangular*		

- Según el material:

metal	*metal*	**iron**	*hierro*
steel	*acero*	**copper**	*cobre*
wood	*madera*	**wooden**	*de madera*
glass	*vidrio*	**plastic**	*plástico*
cardboard	*cartón*	**cotton**	*algodón*
denim	*tela de jeans*	**silk**	*seda*
wool	*lana*		

I bought a nice **round wood** table.
Compré una bonita mesa redonda de madera.

She's got a **square plastic** purse.
Ella tiene un bolso de plástico cuadrado.

Bike frames are made of **metal**.
Los cuadros de las bicicletas están hechos de metal.

EXERCISE: 1.- Las prendas de ropa pueden ser de algunos de los materiales que aparecen a continuación. ¿De cuáles de ellos?

a) cotton b) steel c) denim d) wood
e) copper f) silk g) wool

Soluciones: 1.- a, c, f, g.

LECCIÓN 84
¡QUÉ DESORDEN DE SALÓN!

DIALOGUE

Tracy: This living room is a mess!	*Tracy: ¡Qué desorden de salón!*
Ginger: Mom, it's not my fault, Jasmine brought her friends home this afternoon.	*Ginger: Mamá, no es culpa mía, Jasmine ha traído a sus amigos a casa esta tarde*
Tracy: Jasmine, I want to see this living room clean and tidy in five minutes!	*Tracy: ¡Jasmine, quiero ver este salón limpio y ordenado dentro de cinco minutos!*

EXPRESIONES SOBRE EL ORDEN Y LA LIMPIEZA

- Al referirnos al orden o desorden en casa, o en cualquier otro lugar, podemos utilizar la siguiente serie de expresiones.

- Sobre el desorden vamos a usar la palabra **"mess"** *(lío, desorden)*:

To **make a mess**: *desordenar*

What a **mess**!
¡Qué lío! / ¡Qué desorden!

This room is a **mess**.
Esta habitación está desordenada.

I don't like this **mess**.
No me gusta este desorden.

They are making a **mess** in their bedroom.
Ellos están desordenando su dormitorio.

- También podemos usar los siguientes adjetivos:

clean	*limpio/a*	**dirty**	*sucio/a*
tidy	*ordenado/a*	**untidy**	*desordenado/a*

This room was **dirty** before. Now it's **clean**.
Esta habitación estaba sucia antes. Ahora está limpia.

Charles is a very **untidy** boy. *Charles es un chico muy desordenado.*

- Para sugerir ordenar o limpiar un lugar:

to clean (up): *limpiar*

to tidy (up): *ordenar*

He left the office in a mess and we had to **clean** it **up**.
Dejó la oficina desordenada y tuvimos que limpiarla.

EXERCISE: 1.- ¿Sabrías cuál de los siguientes términos no está relacionado con la limpieza y el orden?

a) housing b) neat c) orderly

Soluciones: 1.- a.

LECCIÓN 85

ESTOY HACIENDO LA CAMA

DIALOGUE

Carol: Honey, have you washed the dishes?

Peter: Not yet, I'm making the bed.

Carol: Well, I'll do it.

Peter: Okay. If you wash the dishes now, I'll make dinner tonight.

Carol: Great!

Carol: Cariño, ¿has lavado los platos?

Peter: Aún no, estoy hacienda la cama.

Carol: Bueno, yo lo hago.

Peter: De acuerdo. Si tú lavas los platos ahora, yo haré la cena esta noche.

Carol: ¡Estupendo!

LAS TAREAS DOMÉSTICAS

HOUSEKEEPING	TAREAS DOMÉSTICAS
to prepare a meal	*hacer la comida*
to wash the dishes	*lavar los platos*
to sweep the floor	*barrer el piso*
to mop the floor	*fregar el piso*
to pick up the clothes	*recoger la ropa*
to hang up the clothes	*colgar la ropa*
to make the bed	*hacer la cama*
to dust the furniture	*quitar el polvo a los muebles*
to vacuum the floor	*pasar la aspiradora al piso*
to iron the clothes	*planchar la ropa*
to take the garbage out	*sacar la basura*

- Al referirnos a la actividad, muchas de ellas se expresan con el verbo "to do":

to do →	**the cleaning**	*hacer la limpieza*
	the laundry	*hacer la colada, lavar la ropa*
	the shopping	*hacer las compras*
	the ironing	*planchar*
	the vacuuming	*pasar la aspiradora*

On Saturdays we have time to **do the cleaning** at home.
Los sábados tenemos tiempo de hacer la limpieza en casa.

Can you **take the garbage out**, please? *¿Puedes sacar la basura, por favor?*

EXERCISE: Encuentra cinco verbos relacionados con tareas domésticas en la sopa de letras.

N	S	W	E	E	P
O	E	A	W	H	O
R	T	S	V	C	M
I	W	H	S	A	T
M	U	U	C	A	V

Soluciones: SWEEP, MOP, WASH, VACUUM, IRON.

LECCIÓN 86
YO TAMBIÉN

DIALOGUE

Daniela: I hate this street; it's so polluted.	*Daniela: Odio esta calle; está muy contaminada.*
Hannah: I do, too, but it's the traffic's fault.	*Hannah: Yo también, pero es culpa del tráfico.*
Daniela: I can't stand breathing this air.	*Daniela: No soporto respirar este aire.*
Hannah: I can't, either, but what can we do?	*Hannah: Yo tampoco, pero, ¿qué podemos hacer?*
Daniela: Let's go out to the country.	*Daniela: Salgamos al campo.*

EXPRESIONES EQUIVALENTES A "TAMBIÉN" Y "TAMPOCO"

- Tras una frase afirmativa, podemos añadir otra u otra idea usando **"too"**.

  She washed the dishes.
  Ella lavó los platos.

  I washed the dishes, **too**.
  Yo también lavé los platos.

- Si la frase es negativa, al final de la frase usaremos **"either"** *(tampoco).*

  I don't get up early. My brother doesn't get up early **either**.
  No me levanto temprano. Mi hermano tampoco se levanta temprano.

- No es necesario repetir toda la frase; podemos usar sólo el sujeto, el auxiliar y "too" o "either".

- I like doing the cleaning.	- *Me gusta hacer la limpieza.*
- I do **too**.	- *A mí también.*
- She traveled to Europe.	- *Ella viajó a Europa.*
- I did **too**.	- *Yo también.*
- They aren't enjoying the party.	- *Ellos no están disfrutando la fiesta.*
- We aren't **either**.	- *Nosotros tampoco.*
- I didn't study for the test.	- *No estudié para el examen.*
- I didn't **either**.	- *Yo tampoco.*

EXERCISE: 1.- Une las frases correctamente.

a) I can't play the violin.	1) I can't either.
b) She went to the movies yesterday.	2) I don't either.
c) I don't like getting up early.	3) I did, too.

Soluciones: 1.- a) 1; b) 3; c)2.

LECCIÓN 87

YO TAMPOCO

DIALOGUE

Joseph: I feel a bit tired.

Michael: Me too.

Joseph: Do you want to go back home? Helen knows how to drive.

Michael: So do I. But she doesn't have her car here and neither do I.

Joseph: Estoy un poco cansado.

Michael: Yo también.

Joseph: ¿Quieres volver a casa? Helen sabe conducir.

Michael: Yo también. Pero ella no tiene su auto aquí y yo tampoco.

OTRAS FORMAS DE EXPRESAR "TAMBIÉN" Y "TAMPOCO"

- Una forma corta es:

Me too	*Yo también*
Me neither	*Yo tampoco*
- I speak English.	*- Yo hablo inglés.*
- **Me too**.	*- Yo también.*
- I don't like chocolate.	*- No me gusta el chocolate.*
- **Me neither**.	*- A mí tampoco.*

- Otra manera más elaborada es:

So + auxiliar + sujeto	*sujeto + también*
Neither + auxiliar + sujeto	*sujeto + tampoco*
– I <u>am</u> studying English.	*– Estoy estudiando inglés.*
– So am I.	*– Yo, también.*
– She <u>can</u> play the piano.	*– Ella sabe tocar el piano.*
– So can I.	*- Yo, también.*
– I <u>ate</u> fish yesterday.	*– Comí pescado ayer.*
– So did John.	*- John, también.*

- I <u>wasn't</u> playing tennis. – *Yo no estuve jugando al tenis.*
- **Neither were we.** – *Nosotros, tampoco.*

- She <u>doesn't</u> live in Brazil. – *Ella no vive en Brasil.*
- **Neither do I.** – *Yo, tampoco.*

- She <u>didn't</u> steal the watch. – *Ella no robó el reloj.*
- **Neither did I.** – *Yo, tampoco.*

EXERCISE: 1.-Une las frases correctamente.

a) We were tired. 1) Neither can Rachel.

b) They can speak three languages. 2) Neither were my neighbors.

c) She wasn't listening to the radio. 3) Me, too.

d) I can't swim very well. 4) So were my parents.

Soluciones: 1.- a) 4; b) 3; c)2; d) 1

LECCIÓN 88
ME SIENTO MAL

DIALOGUE

Harry: You look tired. What's the matter with you, Ann?

Ann: I feel sick. I don't know why, but I am not feeling well.

Harry: Don't worry. We can go to the doctor right now.

Ann: Yes, I think I should have gone earlier.

Harry: Pareces cansada. ¿Qué te sucede, Ann?

Ann: Me siento mal. No sé por qué, pero no me estoy sintiendo bien.

Harry: No te preocupes. Podemos ir al médico ahora mismo.

Ann: Sí, creo que debería haber ido antes.

VERBOS Y EXPRESIONES ACERCA DEL ESTADO DE ALGUIEN

- Cuando nos referimos al aspecto de alguien o a cómo se puede sentir usamos los verbos:
- **To be**: *ser, estar* You **are** bored. *Estás aburrido.*
- **To look**: *parecer* He **looks** happy. *Parece feliz.*

- **To seem**: *parecer*

  These animals **seem** to be sad. *Estos animales parece que están tristes.*

- **To feel**: *sentir(se)* I **feel** tired. *Me siento cansado.*

- Cuando se supone que alguien tiene algún problema podemos decir:

  What's wrong? *¿Qué pasa?*

  What's wrong with you? *¿Qué te sucede?*

  What's the matter? *¿Qué sucede?*

  What's the matter with Paul? *¿Qué le sucede a Paul?*

  Is anything wrong? *¿Sucede algo malo?*

  Is anything wrong with your brother? *¿Le sucede algo malo a tu hermano?*

  What's wrong with her? She looks sad.
  ¿Qué le ocurre a ella? Parece triste.

  John, you seem worried. **What's the matter?**
  John, pareces preocupado. ¿Qué sucede?

EXERCISE: 1.- ¿Cuál de las siguientes expresiones no tiene relación con las otras dos?

a) What's up? b) What's wrong? c) What's the matter?

__Soluciones:__ 1.- a.

LECCIÓN 89

¿QUÉ TAL SI TOMAMOS UN TAXI?

DIALOGUE

George: Let's go see a movie.	George: *Vamos a ver una película.*
Violet: Okay. How about if we take a cab? It's getting cold out.	Violet: *De acuerdo. ¿Qué tal si tomamos un taxi? Está haciendo frío.*
George: There's one over there! Hey, stop!	George: *¡Hay uno allí! ¡Hey, pare!*
Violet: Don't worry. We can wait for another one, or even better, why don't we go to a taxi stand? There's one right around the corner.	Violet: *No te preocupes. Podemos esperar otro, o incluso mejor, ¿por qué no vamos a una parada de taxis? Hay una a la vuelta de la esquina.*

EXPRESAR SUGERENCIAS

- Para expresar sugerencias podemos usar las siguientes fórmulas:

- **Let's + infinitivo**:

Let's go to the movies.
Vayamos al cine.

Let's open a checking account.
Abramos una cuenta corriente.

- **How about + gerundio**:

How about buying a new car?
¿Qué tal si compramos un auto nuevo?

How about dusting the furniture?
¿Qué tal si quitamos el polvo de los muebles?

- La expresiones **"how about?" y "what about?"** tienen el mismo significado.

- **"What about?" + sustantivo**:

What about a game? *¿Qué tal (si jugamos) una partida?*

- **"What about?" + gerundio**:

What about doing the shopping? *¿Qué tal si hacemos la compra?*

- **"Why don't....?"** *¿Por qué no...?*

Why don't you see a doctor? *¿Por qué no vas a ver a un médico?*

Why don't we go to the theater tonight?
¿Por qué no vamos al teatro esta noche?

EXERCISE: 1.- ¿En cuál de las siguientes oraciones el hablante no toma parte en la acción que sugiere?

a) Why don't you go to the movies? b) Let's go to the movies.

c) How about going to the movies?

Soluciones: 1.- a.

LECCIÓN 90

EN REALIDAD, ES LA TIENDA DE MI PADRE

DIALOGUE

Carl: I've worked for many years in this store. It's actually my father's store.

Taylor: So it's a family business.

Carl: Well, I'm not the only owner; in fact, there are three other owners.

Taylor: That's interesting. So your son will also work here?

Carl: I don't think so. He needs to study first; as a matter of fact, he's taking his entrance exam to get into college.

Carl: He trabajado muchos años en esta tienda. En realidad es la tienda de mi padre.

Taylor: Entonces es un negocio familiar.

Carl: Bueno, yo no soy el único propietario; de hecho hay tres propietarios más.

Taylor: Qué interesante. ¿Entonces tu hijo también trabajará aquí?

Carl: No creo. Necesita estudiar primero; de hecho, está haciendo el examen para empezar la universidad.

EXPRESIONES PARA REAFIRMAR IDEAS

- En una conversación es frecuente reafirmar ideas que se van diciendo. Para ello se utilizan expresiones como:

in fact
as a matter of fact
really
actually
→ *de hecho, en realidad, realmente*

I'm good at geography. **In fact**, it's my favorite subject.
Se me da bien la geografía. De hecho es mi asignatura favorita.

He's tall. **As a matter of fact**, he's taller than his father.
Él es alto. De hecho, es más alto que su padre.

Are you **really** okay? *¿Estás realmente bien?*

I play soccer. **Actually**, it's the only exercise I do.
Juego al fútbol. En realidad, es el único ejercicio que hago.

EXERCISE: 1.- ¿Cuál de las siguientes expresiones no significa lo mismo que el resto?

a) At present b) Actually c) Currently d) Nowadays

Soluciones: 1.- b.

LECCIÓN 91

NO ESTOY DE ACUERDO CON ESO

DIALOGUE

Lee: Charlie needs to do something.

Josh: I agree; he needs a job.

Lee: No, Josh, I disagree with that. He should study. I don't think it is a good idea to start working when someone is so young.

Lee: Charlie necesita hacer algo.

Josh: Estoy de acuerdo; necesita un trabajo.

Lee: No, Josh, no estoy de acuerdo con eso. Necesita estudiar. Creo que no es una buena idea empezar a trabajar cuando alguien es tan joven.

EXPRESAR ACUERDO O DESACUERDO

- La forma más usual de mostrar acuerdo es diciendo: **I agree** *(Estoy de acuerdo).*

– These views are beautiful! – *¡Estas vistas son preciosas!*

– Yes, **I agree**. – *Sí, estoy de acuerdo.*

- Se puede estar de acuerdo con algo o con alguien:

– Going to the beach is a good plan for the weekend. – *Ir a la playa es un buen plan para el fin de semana.*

– Yes, **I agree with that**. – *Sí, estoy de acuerdo con eso.*

– I want to go to university. – *Quiero ir a la universidad.*

– **I agree with you**. It's a great idea! – *Estoy de acuerdo contigo. Es una gran idea.*

- Para mostrar desacuerdo, en los mismos casos se podría decir **"I don't agree"** o **"I disagree"** *(No estoy de acuerdo).*

I disagree. It's going to rain.
No estoy de acuerdo. Va a llover.

- Otras maneras de mostrar acuerdo o conformidad son las expresiones:

That's settled!	*¡Hecho!*
It's a deal!	*¡Trato hecho!*

LECCIÓN 92

PODEMOS VERNOS MAÑANA

DIALOGUE

Evelyn: The first time I met you I thought: this guy is very interesting. I want to get to know him better.	*Evelyn: La primera vez que te vi, pensé: este chico es muy interesante. Quiero conocerlo mejor.*
Dave: Wow! Thanks, Evelyn. I didn't know that. I felt the same way. Maybe we can meet again sometime soon.	*Dave: ¡Guau! Gracias, Evelyn. No lo sabía. Yo sentí lo mismo. Quizás podemos vernos otra vez pronto.*
Evelyn: Sure. We could see each other again tomorrow.	*Evelyn: Claro. Podemos vernos mañana.*

LOS VERBOS "TO MEET" Y "TO KNOW"

- **"To meet"** significa *"conocer a alguien"*.

I **met** your father last week.	*Conocí a tu padre la semana pasada.*
I'd like to **meet** her.	*Me gustaría conocerla.*

- A veces puede ir acompañado del ordinal **"first"**:

I **first met** him last year.	*Lo conocí el año pasado.*

- Además, **"to meet"** significa también *"reunirse, encontrarse con alguien"*.

We **meet** every Friday.	*Nos reunimos todos los viernes.*
Let's **meet** tomorrow!	*¡Vamos a vernos mañana!*

- **"To know"** también significa *"conocer"*, pero con sentido de *"tener como conocido"*.

I **know** him very well. — *Lo conozco muy bien.*

She **knows** the president. — *Ella conoce al presidente.*

- Al hablar de lugares, nunca se usa **"to meet"**, sino **"to know"**.

I **know** this city very well. — *Conozco muy bien esta ciudad.*

EXERCISE: 1.- Usa los verbos "to meet" o "to know" en el tiempo correcto.

a) I ....her in a bar some days ago.

b) Do you ....a man called Jack Simpson?

c) We'll .... again.

d) She ....a lot of people at the conference last month.

e) They don't ....anyone famous.

Soluciones: 1.- a) met; b) know; c) meet; d) met; e) know.

LECCIÓN 93
ES UN LIBRO BASTANTE INTERESANTE

DIALOGUE

Ginger: This book is pretty hard to understand.	*Ginger: Este libro es un tanto difícil de entender.*
Marie: Yes, I know, but it is quite interesting, isn't it?	*Marie: Sí, lo sé, pero es bastante interesante, ¿no?*
Ginger: It's very poetic, but something is missing.	*Ginger: Es muy poético, pero le falta algo.*
Marie: You should read more, Ginger!	*Marie: ¡Deberías leer más, Ginger!*
Ginger: You know I like reading very much, but it is difficult to find the perfect book.	*Ginger: Sabes que me gusta mucho leer, pero es difícil encontrar el libro perfecto.*
Marie: The perfect book doesn't exist. If you found it, you would look for another one better than that.	*Marie: El libro perfecto no existe. Si lo encontraras, buscarías otro mejor que ese.*

LOS INTENSIFICADORES “VERY”, “PRETTY” Y “QUITE”

- Los intensificadores **“very”** *(muy)*, **“pretty”** *(un tanto)* y **“quite”** *(bastante)* se utilizan para reforzar el significado de la palabra que acompañan.

  De ellos, el más fuerte es **“very”**, siguiéndole en intensidad **“quite”** y, finalmente, **“pretty”**.

My father cooks **very** <u>well</u>.	*Mi padre cocina muy bien.*
The exam was **pretty** <u>difficult</u>.	*El examen fue un tanto difícil.*
That film is **quite** <u>interesting</u>.	*Esa película es bastante interesante.*
Isn't she **pretty** <u>funny</u>?	*¿No es ella algo divertida?*
This car is **very** <u>expensive</u> but **quite** <u>good</u>.	*Este auto es muy caro pero bastante bueno.*

- Hay que tener cuidado y no confundir el adverbio **“pretty”** con el adjetivo **“pretty”** *(linda, bonita)*.

EXERCISE: 1.- ¿Cuál de los siguientes intensificadores tiene un significado muy diferente cuando se usa como adjetivo?

a) rather b) quite c) very d) pretty

<u>Soluciones</u>: 1.- d.

LECCIÓN 94
PUEDE QUE HAGA FRÍO

DIALOGUE

Peter: It may be cold tomorrow.	*Peter: Puede que haga frío mañana.*
Chloe: You should take a coat now in case the temperature drops tonight.	*Chloe: Deberías llevarte un abrigo ahora por si acaso hace más frío esta noche.*
Peter: Yes, you might be right. Bye, Chloe!	*Peter: Sí, puede que tengas razón. ¡Adiós, Chloe!*
Chloe: Take care!	*Chloe: ¡Cuídate!*

EXPRESAR POSIBILIDAD Y CERTEZA

- Posibilidad

Cuando queramos expresar que una acción puede ocurrir (sólo refiriéndonos a que es posible que ocurra), usaremos los verbos auxiliares **"may"**, **"might"** o **"could"**. Con **"might"** se entiende que la posibilidad es más remota.

It **may** rain tomorrow.
Puede (ser) que llueva mañana.

He **may** buy a new computer.
Puede que él se compre una computadora nueva.

I **might** win the lottery someday.
Puede que gane la lotería algún día.

They **might** come tomorrow.
Puede que vengan mañana.

It **could** be a sunny day.
Puede (podría) ser un día soleado.

- En frases negativas se usan **"may not"** o **"might not"**.

They **may not** lose the game. *Puede que ellos no pierdan el partido.*

You **might not (mightn't)** arrive on time. *Puede que no llegues a tiempo.*

- Certeza

Para expresar certeza o seguridad, utilizamos **"must"** o **"can't"**.

It **must** be snowing. *Debe estar nevando.*

She **can't** be sleeping. *Ella no puede estar durmiendo.*

EXERCISE: 1.- Completa los espacios con "may", "must" o "can't", para expresar posibilidad o certeza.

a) They ....be rich. They have two houses and three cars.

b) She ....have dogs. She's allergic to them.

c) He doesn't feel well. He ....have the flu, but I am not sure.

d) John is very strong and has big muscles. He ....be exercising a lot.

Soluciones: 1.- a) must; b) can't; c) may; d) must.

LECCIÓN 95

NO SOLÍA JUGAR AL FÚTBOL

DIALOGUE

Robert: I used to be very good at sports.	*Robert: Se me daban bien los deportes.*
Carl: But you didn't use to play soccer when you were in school.	*Carl: Pero no solías jugar al fútbol cuando estabas en la escuela.*
Robert: It was the only sport I didn't like.	*Robert: Era el único deporte que no me gustaba.*

"USED TO"

- **"Used to + infinitivo"** se usa para expresar acciones habituales en el pasado.

  I **used to play** tennis when I was a teenager.
  Yo solía jugar al tenis cuando era adolescente.

  She **used to spend** a lot of money on clothes.
  Ella solía gastar mucho dinero en ropa.

- También se utiliza para expresar situaciones o estados que eran cotidianos o habituales.

  He **used to be** my teacher. — *Él era mi profesor.*

  I **didn't use to like** him, but now I do. — *Él no me gustaba, pero ahora sí.*

- **"Be used to + gerundio"** se usa para expresar que alguien está acostumbrado a algo.

  I **am used to living** on my own. — *Estoy acostumbrado a vivir solo.*

- **"Get used to + gerundio"** se usa para indicar que alguien se está acostumbrando a algo.

  He has started to work at night and is still **getting used to sleeping** during the day.
  Él ha comenzado a trabajar por la noche y aún se está acostumbrando a dormir durante el día.

EXERCISE: 1.- Completar con la opción correcta: travel, traveling, dealing.

a) She is getting used to .... with children.

b) My cousin used to .... c) Mark was used to .... by plane.

Soluciones: 1.- a) dealing; b) travel; c) traveling.

LECCIÓN 96

ME DUELE LA CABEZA

DIALOGUE

Helen:	Oh, I have a headache.	*Helen:*	*Oh, me duele la cabeza.*
Ann:	You should take a painkiller.	*Ann:*	*Deberías tomar un analgésico.*
Helen:	Well, I'll wait a little. I prefer not to take medicine if possible.	*Helen:*	*Bueno, esperaré un poco. Prefiero no tomar medicinas si es posible.*

EL CUERPO HUMANO – The human body

head	*cabeza*	**neck**	*cuello*	**shoulder**	*hombro*
back	*espalda*	**chest**	*pecho*	**arm**	*brazo*
elbow	*codo*	**wrist**	*muñeca*	**hand**	*mano*
finger	*dedo (de la mano)*	**waist**	*cintura*	**leg**	*pierna*
knee	*rodilla*	**calf**	*pantorrilla*	**ankle**	*tobillo*
foot	*pie*	**toe**	*dedo (del pie)*		

PROBLEMAS DE SALUD

- Con la terminación "-ache" se suelen expresar cinco dolencias:

headache	*dolor de cabeza*
stomachache	*dolor de estómago*
toothache	*dolor de muelas*
backache	*dolor de espalda*
earache	*dolor de oídos*
I have a headache.	*Me duele la cabeza.*

- También se puede decir: **I've got a sore......** *(Me duele el/la...)*

I've got a sore foot.	*Me duele un pie.*
I've got a sore throat.	*Me duele la garganta.*

- O: **I've got a pain in my.....** *(Me duele el/la...)*

  I've got a pain in my arm. *Me duele el brazo.*

  I have a pain in my elbow. *Me duele el codo.*

- Así como: **My......hurts.** *(Me duele el/la...)*

  My shoulder hurts. *Me duele el hombro.*

  My knee hurts. *Me duele la rodilla.*

EXERCISE: 1.- Encuentra ocho partes del cuerpo humano en la sopa de letras.

N	S	B	C	T	D
B	M	N	O	B	F
Z	L	E	G	F	W
C	V	C	F	I	X
K	A	K	X	N	L
C	R	L	K	G	M
A	M	O	F	E	O
B	T	S	I	R	W

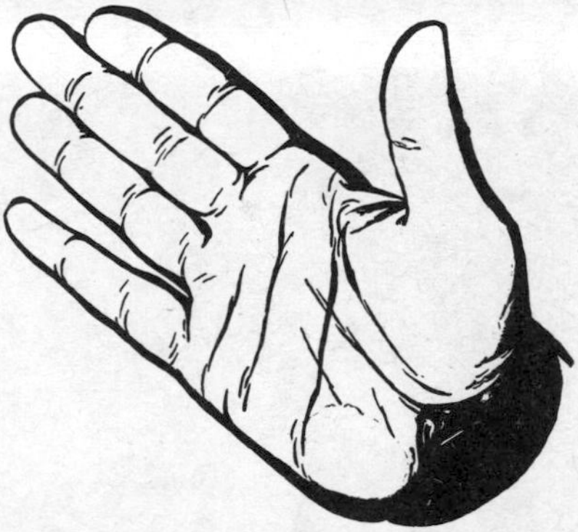

Soluciones: 1.- WRIST, LEG, BACK, FINGER, NECK, ARM, CALF, TOE.

LECCIÓN 97
DEBERÍAS QUEDARTE EN LA CAMA

DIALOGUE

Tony: I should have gone into school today.	*Tony: Debería haber ido a la escuela hoy.*
Lucy: You should go every day, but if you don't feel well then you'd better stay in bed.	*Lucy: Deberías ir todos los días, pero si no te encuentras bien deberías quedarte en la cama.*
Tony: Yes, but I don't know what the students will have done without me.	*Tony: Sí, pero no sé lo que habrán hecho los estudiantes sin mí.*
Lucy: I don't think they will have missed you.	*Lucy: No creo que te hayan echado de menos.*

DAR CONSEJOS

- Para dar consejos o sugerencias es frecuente el uso de **"should"**, que equivale a *"debería, deberías, etc."*

What do you think I **should** do?
¿Qué crees que debería hacer?

You **should** stop smoking.
Deberías dejar de fumar.

She **should** study harder.
Ella debería estudiar más.

You **should** brush your teeth three times a day.
Deberías cepillarte los dientes tres veces al día.

They **shouldn't** go out in this weather.
Ellos no deberían salir con este tiempo.

I **shouldn't** drink alcohol.
Yo no debería beber alcohol.

- Otra estructura similar es **"had better / 'd better"** y **"had better not / 'd better not".**

You **should** find a better job = You**'d better** find a better job
Deberías encontrar un trabajo mejor

He **shouldn't** do more exercise = He**'d better not** do more exercise
Él no debería hacer más ejercicio

EXERCISE: 1.- ¿Qué consejo parece más acertado en la siguiente situación?
"Mary thinks she has lost her cellphone".
a) You should have more free time.
b) You'd better look for it.
c) You should buy a new one immediately.
d) You'd better not worry about that.

Soluciones: 1.- b.

LECCIÓN 98

¿ME PUEDE DAR EL MENÚ?

DIALOGUE

Paul:	Can I have the menu, please?	*Paul:*	*¿Me puede dar el menú, por favor?*
Waiter:	Certainly, sir. Would you like the wine list as well?	*Camarero:*	*Por supuesto, señor. ¿Quiere la carta de vinos también?*
Paul:	No, thank you. It's not necessary.	*Paul:*	*No, gracias. No es necesario.*
Waiter:	What would you like to drink?	*Camarero:*	*¿Qué desea para beber?*
Paul:	I'll have a beer, please.	*Paul:*	*Tomaré una cerveza, por favor.*

EXPRESIONES EN EL RESTAURANTE (I)

- Antes de llegar al restaurante:

  Can I reserve/book a table for two at 8:00 p.m.?
  ¿Puedo reservar una mesa para dos a las 8 de la tarde?

  Do you have a non-smoking area? *¿Tienen zona de no fumadores?*

  Do you have a vegetarian menu? *¿Tienen menú vegetariano?*

  Do you have a children's menu? *¿Tienen menú para niños?*

- Al llegar a un restaurante, la pregunta más habitual por parte de los camareros o meseros es:

  Can I help you? *¿Puedo ayudarle?*

  How can I help you? *¿Cómo puedo ayudarle?*

- Ya sentados en la mesa nos preguntarán:

  Can I take your order? *¿Puedo tomar su pedido?*

  Are you ready to order? *¿Está listo para pedir?*

  What can I get you? *¿Qué puedo traerle?*

  Anything to drink? *¿Algo para beber?*

  What would you like to drink? *¿Qué quiere beber?*

  Would you like to have the menu? *¿Quiere el menú?*

- Si somos nosotros los que pedimos el menú:

Can I have the menu, please? *¿Me podría dar el menú, por favor?*

Could I see the wine list? *¿Podría ver la carta de vinos?*

EXERCISE: 1.- ¿Cuál de los siguientes verbos es sinónimo del verbo “reserve”?

a) suggest b) book c) recommend

__Soluciones__: 1.- b.

LECCIÓN 99
¿QUÉ RECOMIENDA?

DIALOGUE

Waiter: Are you ready to order?

Claire: I'm not quite sure. What do you recommend?

Waiter: Fried chicken with chips. They are very tasty.

Claire: I'll have that. And can I have the check, please?

Waiter: Okay, I'll be right back.

Camarero: ¿Esta lista para pedir?

Claire: No estoy segura del todo. ¿Qué recomienda?

Camarero: Pollo frito con patatas. Son muy sabrosas.

Claire: Tomaré eso. ¿Y puede traerme la cuenta, por favor?

Camarero: De acuerdo, vuelvo enseguida.

EXPRESIONES EN EL RESTAURANTE (II)

- A la hora de realizar el pedido:

What do you recommend? *¿Qué recomienda?*

I'd like grilled salmon. *Quisiera salmón a la parrilla.*

I'll try the onion soup. *Probaré la sopa de cebolla.*

I'll have the spinach lasagna. *Tomaré la lasagna de espinacas.*

- Si pedimos carne, suelen preguntar:

Rare, medium or well done? *¿Poco hecha, al punto o muy hecha?*

- Al servirnos, nos pueden decir:

Bon appétit! / Enjoy your meal! — *¡Buen provecho! / ¡Que aproveche!*

- Al pedir la cuenta:

Could I have the check, please? — *¿Podría traer la cuenta, por favor?*

The check, please! — *¡La cuenta, por favor!*

Are taxes included? — *¿Están incluidos los impuestos?*

Can I pay at the table or at the register? — *¿Puedo pagar en la mesa o en caja?*

EXERCISE: 1.- Ordena estas frases según ocurren en una situación real.

a) .... Can I have the menu, please? b) .... Could I have the check, please?

c) .... Can I reserve a table for one at 9:30? d) .... I'll have a steak.

e) .... Can I take your order?

Soluciones: 1.- c; a; e; d; b.

LECCIÓN 100
¡QUE VAYA BIEN!

DIALOGUE

Tom: How are you? I haven't seen you for years.

Sandra: Yes, since my sister's wedding.

Tom: Well, Sandra, let me have your phone number and I'll call you soon, because I'm in a hurry now.

Sandra: I already have yours. I'll call you.

Tom: Do it!

Sandra: I will. Stay well!

Tom: Take care!

Tom: *¿Cómo estás? Hace años que no te veo.*

Sandra: *Sí, desde la boda de mi hermana.*

Tom: *Bueno, Sandra, déjame tu número de teléfono y te llamaré pronto, porque ahora tengo prisa.*

Sandra: *Ya tengo el tuyo. Te llamaré*

Tom: *¡Hazlo!*

Sandra: *Lo haré. ¡Que vaya bien!*

Tom: *¡Cuídate!*

USO DE "FOR" Y "SINCE"

- **"For"** equivale a *"durante"* y va seguido de un período de tiempo:

  I've lived in Chicago **for five years.**
  He vivido en Chicago durante cinco años.

  She has played the guitar **for two months.**
  Ella ha tocado la guitarra durante dos meses.

  He has driven a car **for many years.**
  Él ha conducido un auto durante muchos años.

- **"Since"** equivale a *"desde"*, y, por lo tanto, va seguido de un punto en el tiempo, es decir, de un momento determinado (día, mes, año, etc.).

  I've lived in Chicago **since 2007.**
  He vivido en Chicago desde 2007.

  They have been on vacation **since last Monday.**
  Han estado de vacaciones desde el lunes pasado.

  He has driven a car **since he was eighteen.**
  Él ha conducido un auto desde que tenía dieciocho años.

DESPEDIDAS (II)

- Para despedirnos, al margen de otras fórmulas ya tratadas, existen estas otras expresiones:

Take care!	*¡Cuídate!*	**Look after yourself!**	*¡Cuídate!*
Stay well!	*¡Que vaya bien!*	**So long!**	*¡Hasta la vista!*

EXERCISE: 1.- Completa las siguientes oraciones con "for" o "since".

a) We haven't seen him ....three weeks.

b) She hasn't been here............last week.

c) We have done one exercise .... 7 o'clock.

Soluciones: 1.- a) for; b) since; c) since.